金满楼
大梁如姬

著

显微镜下的
古人生活

清朝篇

岳麓書社·长沙

图书在版编目（CIP）数据

显微镜下的古人生活. 清朝篇 / 金满楼, 大梁如姬著. -- 长沙 : 岳麓书社, 2022.11
ISBN 978-7-5538-1664-7

Ⅰ.①显… Ⅱ.①金… ②大… Ⅲ.①社会生活 - 历史 - 中国 - 清代 - 文集 Ⅳ.①D691.9-53

中国版本图书馆CIP数据核字(2022)第179667号

XIANWEIJING XIA DE GUREN SHENGHUO · QINGCHAO PIAN

显微镜下的古人生活·清朝篇

著　　者｜金满楼　大梁如姬
出 版 人｜崔　灿
出版统筹｜马美著
策划编辑｜陈文韬
责任编辑｜陶嵧玲　曾　倩　刘彩薇
责任校对｜舒　舍
书籍设计｜罗志义
营销编辑｜谢一帆　唐　睿

岳麓书社出版发行
地址｜长沙市岳麓区爱民路47号
承印｜长沙市雅高彩印有限公司

开本｜880mm×1230mm 1/32　印张｜9　字数｜186千字
版次｜2022年11月第1版　印次｜2022年11月第1次印刷
书号｜ISBN 978-7-5538-1664-7
定价｜68.00元

如有印装质量问题，请与本社印务部联系
电话｜0731-88884129

前　言

　　清朝是离我们最近的一个封建帝制王朝，多近呢？用数字感受一下，最远300多年，最近的才刚刚过去一个世纪。短短数百年，清朝人的脚步似乎还没有走远，仿佛只要凑近点，依然能看到他们的生活剪影。

　　穿越剧《宫锁心玉》及《甄嬛传》《如懿传》《延禧攻略》等清宫剧的热播，无一不是当代人投给清朝的关注和热情。而随着影视剧的频繁上映，清朝宫廷生活也再次进入观众视野，讲究的朋友在观赏剧情之余，不免生出求知的欲望：剧中人物的穿衣打扮、日常坐卧可以当真吗？只恨没有时光机器，带我们身临其境，一探究竟。

　　现在，我们有了这本书——《显微镜下的古人生活·清朝篇》。本书涵盖了清朝人全方位的生活，有高居庙堂的九五之尊，有悬龟系鱼的王公贵臣，也有身处深宫后院的女性。作者用细致的描写放大了清朝人的日常，让我们可以随之一起观市井繁华，赏宫廷绝色，从服饰、美食、住宅、娱乐等各方面感受清朝的烟火气。

在这里，你可以破解对清朝人日常生活的全部疑惑。比如，清朝的女性怎么梳妆打扮，她们也有时髦的护肤品吗？清朝上班族如何赚钱养家？清朝人也爱养宠物吗？清朝人说什么普通话？……

通过这本小书，你会发现，当今的一些习俗，在清朝社会也能看到影子，我们日常生活中的一个很小的细节，可能都承载了几千年的文明。

原来，古人一点都不"古"，我们与他们，血脉相连，息息相关。

目　录

第一辑

皇帝的日常

皇帝一顿饭吃100道菜？

金庸小说《书剑恩仇录》中，乾隆不小心落入红花会手中，饿了好几天后，帝王尊严被消磨殆尽，只好跟身旁监守的人请求弄点东西来充饥。那人听罢，大吼一嗓子："万岁爷要用御膳，快开上酒席来！"这气氛，搞得像极了宫廷传膳。乾隆欣喜，这下有吃的了。来到餐桌后，不一会儿，清炒虾仁、椒盐排骨、醋熘鱼、生炒鸡片，四盆香味扑鼻的菜肴上了桌，还没等乾隆动筷子，领头的人忽然问道："这菜是谁烧的？"一名红花会的厨子应承后，那人却大怒："你是甚么东西？干吗不叫皇上宠爱的御厨张安官来烧苏式小菜？这种杭州粗菜，皇上怎么能吃？"

乾隆道，这几样菜色香俱全，也不能说是粗菜。他伸筷去夹，可那帮人愣是不给他吃。又多饿了几个小时，一股属于张安官独有的菜香味飘了出来，原来，红花会真的把他也给逮来了。

小说中的情节当然是虚构的，但张安官这位御厨，却是历史上真实存在的，而且他确实深得乾隆的喜欢。

清宫传膳的时候，每一个菜品上得写上主厨的大名，一是为了方便皇帝吃到喜欢吃的，下次再点这个主厨；二是要为帝王饮食安全考虑，每一道菜经过谁的手，必须有详细记录。

有一次，乾隆用膳，某个菜品上写着做菜的主厨是张安官，可一入口，乾隆觉得不是熟悉的味道，于是让太监们又跑一趟，要求张安官照着原菜另做一盘。可见乾隆对口味的挑剔，以及认准了张安官的手艺。

一个苏州的厨子，是怎么进入宫廷为皇帝做菜的呢？清宫里的厨子有三个来源：一是世世代代给帝王们做饭的满洲厨师，他们都是子承父业的；二是山东厨师，他们是明朝的宫廷御厨，明朝灭亡了以后，继续留在清宫做饭，同样是子承父业；三是像张安官这样的江南厨师。传说，张安官本来是苏州人，是当地知府的私家厨子，乾隆南巡走到这里，吃了一道他掌勺的冬笋炒鸡，自此，张安官就抓住了皇帝的胃，被钦点入宫当了御厨。

除了主要的三大菜系，全国各地的其他特产和名品，皇帝当然也不缺。比如，蒙古乌珠穆沁草原上醇美的羊，甘甜的新疆哈密瓜，关外的关东鸭、野鸡爪、狍鹿，福建、广东的金丝官燕，镇江的鲥鱼，苏州的糟鹅，金陵的板鸭，金华的火腿，常熟的皮蛋……无论路途多么遥远，它们都会跨越山和大海，来到皇帝的餐桌上。

最令人意想不到的是，清太祖努尔哈赤竟然也曾客串过厨子。

明末时，辽东总兵李成梁正在攻打古勒城的建州右卫指挥使的儿子阿台，正巧阿台的岳祖父、努尔哈赤的祖父带着全家来访。不料，一家人刚到不久，明军就偷袭杀死了阿台，以及努尔哈赤的祖父和父亲，入驻了阿台府邸。夜幕降临，到了晚饭时分，李成梁的手下便命府内厨子做一桌八菜一汤的佳肴供他们享用，其中，就有努尔哈赤和其弟弟舒尔哈齐贡献的一道菜。

当时，阿台府中的主厨是个女人，主人家里遭逢变故，又是刀架在脖子上的非常时期，她急急忙忙做了七道菜后，怎么也想不出最后一道该做什么好，一上火，竟把自己急晕了。危急时刻，努尔哈赤当起了厨师。他做出来的，就是后来著名的"黄金肉"。因为黄金肉的重要意义，清朝建立后，每逢大典必有它的身影，以示不忘祖宗艰苦卓绝的发迹史。黄金肉也成了清宫至高无上的一道美食。

提到清宫美食，我们常说有一款叫"满汉全席"的大宴，满汉全席究竟有多丰富呢？其实，狭义的"满汉全席"清宫里几乎天天都在吃。满席主要是饽饽，辅以干鲜果，还有些野味、羊肉等，汉席主要吃鹅、鱼、鸡、鸭、猪等早已被家养的动物，这些都是皇帝餐桌上的常见食物。

那么，皇帝的一顿饭，到底会吃些什么菜呢？

每个皇帝的作风不同。康熙皇帝相对简单一点，喜欢吃辽东的野味、江南的鲥鱼。而乾隆爷口腹之欲远超各位祖宗，每次进膳，至少得有四五十道菜环绕。

咱们先以早膳为例，乾隆爷每天早餐的选择就多达50多种，有燕窝红白鸭子南鲜热锅、酒炖肉炖豆腐、清蒸鸭子烀猪肉鹿尾、竹节卷小馒首、饽饽、面食、老米水膳以及各种小

努尔哈赤像

菜。还有些用来看的菜肴，又叫额食。诸如黄碗菜、羊肉丝、牛奶、盘肉、羊肉之类的食品，这些就要摆15桌。清宫里最普遍的是饽饽，几乎顿顿必有，在乾隆爷的早餐上，饽饽一共也要占15桌。另外还有一大早起来讨好的妃子们，也会从自己的小厨房送些菜过来，给皇帝换换口味。

再看看晚膳。据载，乾隆十二年（1747），乾隆爷在重华宫的东暖阁吃了顿晚餐。当时的菜品有：燕窝鸡丝香菇丝火熏丝白菜丝镶平安果、燕窝鸭子火熏片腕子、白菜鸡翅肚子香菇、肥鸡白菜、烂鸭子、野鸡丝酸菜丝、芽韭炒鹿脯丝、烧鹿肉锅塌鸡丝晾羊肉攒盘、糗饵粉粢、烤祭神糕、酥油豆面、蜂蜜、拉拉、菠菜、桂花萝卜，以及其他小菜……做皇帝肚子里的馋虫，都比一般人幸福多了。

有人疑惑，你怎么只说早膳和晚膳，中午那顿呢？其实，清朝的皇帝一共只吃两顿正餐，也就是早晚两餐。早膳的时间大约是上午7点到9点之间，晚膳就相当于我们的午餐，在中午11点到下午2点之间。这大概是因为东北天黑得早，这种习惯就没人特地修订了。

正餐之外，皇帝们还有夜宵和各种点心，这些是随传随到的。

皇帝日常吃饭没有固定的饭桌和场所，基本是菜随人动的模式，比如乾隆爷就是一会儿在弘德殿吃早饭，一会儿在重华宫的东暖阁吃晚饭，一会儿又直接在养心殿吃上了。

其实，皇帝吃饭的排场，不光只有这些菜品，还有非常完整的配套服务。比如，皇帝吃饭的桌子叫"金龙大宴桌"，连桌布都是黄金绣的。皇帝动筷子之前，碗碟里放有银牌试毒，如果颜色不变，再由太监略尝一点确保安全，皇帝才会开吃。

这么多荤腥菜品，如果弄脏了天子的衣裙怎么办呢？别急，有一种叫"怀挡"的东西隆重出场。怀挡，其实就相当于海底捞的围裙，当然，是加强版的。在吃饭前，尊贵的帝王们会将"怀挡"系在脖子上，抵挡各种油汁。清宫里尤其喜欢吃火锅，搭配怀挡，不仅保持了衣服的体面，浣衣局的宫女们也少了很多不必要的活。

餐桌上会产生各种骨头、果皮之类的厨余垃圾，天子用膳，总不能把吐出来的鱼骨头等全都堆放在桌上，如此不雅观吧？那么，皇宫里是怎么处理厨余垃圾的呢？在南京博物院里，有一款通体深蓝色的炉钧釉渣斗，外形酷似小型痰盂，这就是雍正使用过的古代垃圾篓。

除此之外，盛放御菜的那些餐具，也是深有讲究的。皇帝用的，必须用纯金打造。像金龙盘、金龙碗、金勺、金箸等，它们是全黄釉制品，只有皇帝、皇后、太后可以用。再低一等的皇贵妃，顶多只能用外黄釉内白釉的盘子了。而贵妃以下的等级，是不够格用金餐具的。

如果这些还不能让你想象到帝王豪贵的生活，那么，数据将告诉你，清宫吃掉的鸡鸭猪鱼等肉类有多么壮观。乾隆四十九年（1784）除夕，光乾隆这一桌的食物原材料，一共消耗了猪肉65斤、肥鸭1只、菜鸭3只、肥鸡3只、菜鸡7只、猪肘3个、猪肚2个、小肚8个、鳝子15根、野猪肉25斤、关东鹅5只、羊肉20斤、鹿肉15斤、野鸡6只、鱼20斤、鹿尾4个、大小猪肠各3根，另外还有制作点心用的白面、白糖、瓜果、蜜饯等，这些也都是论斤说的。

乾隆还喜欢办千叟宴，这是康熙帝开的先例，所谓千叟宴，就是皇帝与民同乐，邀请全国各地年满65岁以上的老人一起吃饭。据《奏销档》记载，乾隆开一次千叟宴，光烧掉的柴火就多达3848斤、炭412斤、煤300斤，主食的消耗就更是盈千累万了。

民间有俗话说，"帝王一餐饭，农民数年粮"，诚不虚也。

如此丰盛奢豪的餐食，皇帝们怎么吃得了呢？当然吃不了。一来清朝有规矩，皇帝必须"克己"，再好吃的菜，都只能吃三匙。二来，皇帝本人也并没有那么大的食欲，有时看到自己不那么想吃，而宠爱的妃子、大臣喜欢吃的菜品，就会命人随手打包送给他们。

陪皇帝吃顿饭

　　乾隆二十七年（1762），七月流火，已是早秋时分，天气不再酷热，又到了一年一度的重大活动——狩猎。古代天子一年四季都有打猎计划，称为春蒐、夏苗、秋狝、冬狩，清朝皇帝缩减成了一年一度，也就是每年秋季到皇家猎苑木兰围场去打猎。

　　这种活动算是皇族放松的机会，一般会带上后宫嫔妃一起出行。乾隆这次带的有皇后辉发那拉氏、舒妃叶赫那拉氏、颖妃巴林氏、豫妃博尔济吉特氏、慎嫔拜尔噶斯氏、容嫔和卓氏（也就是著名的香妃娘娘），以及一位刚得宠的新常在。

　　这么多人一起出行，吃饭怎么解决呢？

　　此次秋狩一共待了两个多月，恰巧，乾隆爷的万寿节也在此时。乾隆的生日是阴历八月十三，到了那天，整个围场最大的事，就是为皇帝准备寿宴。于是，后宫妃嫔们有了一次小型聚餐，得到了伺候皇帝吃饭的机会。

　　当天，继后和这几个妃子一起伺候了乾隆爷用早晚膳，因为在宫外，又是皇帝的大喜日子，宴会上气氛相对轻松，后妃们都是"聚坐"着进餐，一幅其乐融融的画面。

清艾启蒙《乾隆皇帝一箭双鹿图》

有人说，清朝皇帝不是著名的吃独食吗？一般不会与其他人共享饭菜呀。

一来，这是皇帝的万寿节，虽然在外面，但天子的生日就是国家的节日，所以，办个宴会和后妃一起吃，算是节庆待遇。乾隆刚登基那年的生日，也曾由当时的皇后富察氏和贵妃高氏等人一起伺候着进过餐。

那年乾隆没有外出打猎，就在皇宫。早膳的时候，由孝贤皇后率领大家一一给皇帝夹菜劝餐。当天的早餐一共摆了九桌，每桌十二样菜式，有羊肉、煳猪肉、盘肉、寿意蒸食炉食和一些小吃。晚膳是在重华宫吃的，由御膳房的人伺候着皇帝、皇后、贵妃们一起吃饭。

乾隆二年（1737）的十月初二日，乾隆爷在养心殿用早膳，又叫了富察皇后等人一起吃饭。当天的饭桌用的是洋漆矮桌，主要菜品有：珐琅碗菜、攒盘肉、点心、银葵花盒小菜、金碟小菜。盛饭菜的器具不是金盘就是金碗，华贵无比。晚膳还是在重华宫，除了多加了一盆火锅，其他和早膳没啥差别。十月初二既不是节庆，也不是谁的生日，乾隆为什么要与后妃一起吃饭呢？原来，这年九月闰了一个月，所以，十月初二已经是阳历的12月22日了，正是冬至。

等于说，每到节庆日，除摆大型宴会以外，后妃们也可以享受到和皇帝小型聚餐的机会。

二来，规矩之后，总有例外。别说是妻妾成群聚餐伺候，个别尤其受宠的后妃，即便是单独和皇帝吃烛光晚餐，过二人世界，也是有例可查的。乾隆元年冬至，富察皇后就曾独自伺候过乾隆吃小食。

后来，富察皇后早逝，乾隆十五年（1750），乾隆皇帝在真定行宫时，回想起当年和富察皇后在此处同吃同住，当即写下"小坐复今夕，闲情忆向年。劝餐非昔侣，举案是新缘"来寄托哀思。其中的"劝餐"，说的大抵就是当初两个人一起吃饭时，富察皇后曾温柔地给他夹菜，劝他多吃点。两汉乐府诗里，写到夫妻间的思念和爱意，落到现实的具体处，往往都是最朴素的劝对方"努力加餐饭"，看爱人食欲满满，容颜滋润，才是最令人欣慰的。

除了乾隆毕生挚爱的原配富察皇后，还有一个女人，也曾享受过和乾隆单独吃饭的机会。因为这一殊荣，她也被认为是除富察皇后外，乾隆最喜欢的女人，她就是令贵妃。

乾隆二十七年（1762）的这次秋狩结束后，乾隆从热河打道回畅春园，走到京郊的南石槽时，决定到行宫里小歇一会儿。刚住进去，乾隆就想起身怀六甲又两个多月没能见面的令妃了。当天，乾隆便派人把令妃接了过来。晚上吃饭的时候，乾隆又抛开一众随行的妃子，特地点名要令妃前来伺候。虽说此次晚餐的菜谱比较家常，都是些饽饽、白面和粳米面之类的主食，可这种两人独处的时光，别提多令人羡慕了。

正常情况下，后妃即使与皇帝共餐，也多是伺候皇帝吃饭，她们是没有资格坐着一块吃的。那么，令妃此次也是站着的吗？按日子推算，这会儿令妃腹中的胎儿已经近8个月了，想必，即使乾隆特别讲究权威和排场，也不至于让挺着大肚子的令妃那么辛苦。

而且，后妃和皇帝用膳可以坐着吃，也是有证据的。据《清宫帝后膳饮》一书介绍，清代有一张叫"海屋添筹有帷子小矮桌"的膳桌，就是皇帝与嫔妃共餐用桌。

除了以上说的被特招伺候御膳，后妃日常是怎么吃饭的呢？

嫔妃们的饮食用度，都由皇家提供。皇帝和后妃的膳食都归内务府统管。内务府底下，管宫廷膳食所需原材料的，叫"掌关防管理内管领事务处"，又有一个"御茶膳房"，负责将皇族膳食加工完善，然后分别送往各宫。

皇后每天的膳食规格是猪肉十六斤、羊肉一盘、鸡鸭各一只，各种新鲜蔬菜、主食、干果若干；皇贵妃的猪肉降为十二斤，鸡或鸭只能挑一样，其他各类也比照皇后递减；贵妃的猪肉降为九斤八两，鸡鸭羊肉等荤菜变成每个月15只（盘）；妃位的猪肉九斤，鸡鸭每月10只；嫔、贵人、常在、答应，肉类就更少了，位次最低的答应，只有一斤八两肉类，而且没有鸡鸭吃。虽然发了这么多肉，但有时候，皇帝也会干涉妃子们的饮食，比如乾隆元年（1736）二月十五日，乾隆就下达禁令，上自皇太后，下至所有后宫成员都禁食荤腥。这是因为，二月十五是释迦牟尼佛涅槃的日子，乾隆要带头斋戒。

妃嫔们的餐具也有讲究，金制品只有皇后和太后才能使用。皇后有金餐具36件，银餐具98件，各种细瓷的餐具340件；皇贵妃身份上只比皇后略低一等，一应待遇却差了很多，只有银餐具7件，瓷器餐具121件；贵妃、妃和嫔位的银餐具都是6件，瓷餐具贵妃101件，妃64件，嫔40件；嫔以下，就不配用银餐具了，贵人有瓷器餐具32件，常在和答应都是26件。

清宫还有一种叫"位分碗"的餐具，用来区别后宫的身份。皇后用的是全黄的暗云龙纹瓷碗，皇贵妃是外黄釉内白釉的盘碗，贵妃和妃位都是黄地绿彩云龙碗，嫔则是蓝地白里香云龙碗，贵人用绿地白里紫云龙碗，常在是白地白里五彩红云龙碗，而答应作为品阶最低的妃子，位分已经不用表示了，所以她们没有碗。

如果皇家举行大型家宴，妃子们赴宴后，那些不经常在后宫走动的亲眷，看餐桌上的位分碗，就能知道各宫娘娘们的身份。比如乾隆四十四年（1779）除夕家宴上，妃子们用的就是自己位分的餐具。此时，位分最高的令皇贵妃、庆贵妃已于三四年前去世，西边的头桌就变成了香妃和顺妃，她们桌上摆着的是绿云龙碗，二桌的诚嫔和林贵人，分别是香色和紫色云龙碗。

皇帝不喝茅台酒

　　曹操曾经写诗："何以解忧？唯有杜康。"这里说的"杜康"，既是古代的名酒，也是古代的名人。按流传已久的说法，中国的酒是杜康最先发明的，而杜康是夏朝时的人，可见中国人造酒、饮酒的历史十分悠久。

　　当然，杜康是不是酿酒的祖师爷，存在不小的争议。《吕氏春秋》中就说是"仪狄作酒"，仪狄是夏禹的属下，如果是他先发明的酒，那时间比杜康还要早。还有人说，中国的酒起源于"三皇"时期的伏羲氏，这比杜康、仪狄就要更早了。

　　实事求是地说，酒是如何被发明出来的，可能和具体的谁并没有关系，不管杜康、伏羲或是仪狄，很可能只是托名而已。晋代江统就在《酒诰》一文中说："酒之所兴，肇自上皇，或云仪狄，一曰杜康。有饭不尽，委之空桑，郁积成味，久蓄气芳，本出于此，不由奇方。"这后半段话的大意是，酒的起源是因为有人把剩饭倒在桑树林，郁积久蓄后粮食发酵，由此才变味成酒的。

　　从考古发现来看，酒的出现很可能远远早于伏羲氏。如在距今约八千年的查海遗址（红山文化源头之一）、距今约七千年的磁山文化遗址，以及距今约六千年的西安半坡遗址中，均发现了大量酒器、储存粮食的窖穴及谷物残留，说明当时已经具备酿酒的物质条件，并有可能人们已经普遍饮酒。此外，半坡遗址所发掘的陶器中，就有类似甲骨文、金文中"酉"（古义为造酒）字形状的罐子，或许也是先民酿酒的佐证。

酒是一种含有乙醇的饮品，不管是什么样的酒，其中的酒精都是由糖类（如葡萄糖、麦芽糖）发酵产生的。野生的水果遇到大自然中的酵母菌时，其中的糖分就会发酵形成酒精；各种粮食作物也是一样，其中包含的淀粉在糖化后，一旦遇到酵母菌也会被酒化。因此，古代先民很早就发现酒，并进而酿造酒，在全世界都是普遍现象。

人类在学会酿酒后，也带来了一些负面效应。《战国策》中就记载了大禹的预言："后世必有以酒亡其国者。"后来的商朝果然应验了这句话。据记载，商朝人嗜酒成风，《封神演义》里说商纣荒淫无耻，每天沉湎于酒池肉林并最终亡国，似乎也不是毫无依据。

中国古代大都使用谷物淀粉发酵酿酒，酿出的酒也就是现在说的黄酒。和蒸馏酒不同的是，黄酒通常只有压榨程序，所以酒精浓度不高，而且可以连酒糟一起吃，如陆游在《游山西村》中所云"莫笑农家腊酒浑"。也正因为酒精浓度不高，中国古代的酒仙们喝起酒来往往"斗酒十千"，《水浒传》里的好汉们动辄十碗、八碗狂饮。

正因为酒精浓度不高，黄酒对人的身体伤害有限，但反过来说，黄酒的麻醉感也有限，一些真正的好酒之徒对此就不满足了。据说，从周朝开始，古人就开始探索如何提高酒精浓度，但一直到唐朝以后，烧酒才开始出现。宋元以后，随着蒸馏勾兑技术的不断提高，形成了以茅台为代表的各种知名白酒。

总的来说，中国古代酒的发展经历了从黄到白（颜色）、由浑到清（酒体）、从甜到醇（口感）、从低到高（酒精浓度）的四大过程。在宋元之前乃至明清时期，以发酵酒为特征的黄酒（如"女儿红""花雕"等知名绍兴黄酒）始终占据主流地位，以蒸馏酒为特征的白酒并不入流，属于边缘酒类。从这个意义上说，当下一些知名白酒在营销中比拼身世古老其实意义并不大，因为白酒与古代发酵酒实际上并不存在特别强的源流关系。

以茅台酒为例，其历史最早也只能追溯到清朝嘉庆时期。据说，来自陕西的盐商将凤酒的做法带入贵州，并在此基础上形成了"华茅、赖茅、王茅"三大酒厂，这就是茅台酒的来历。然而，受限于当地的交通条件和饮酒风气，茅台酒在晚清民国时期也始终是地方性产品，声名并不显赫。

清朝时期，饮酒之风已经遍行天下，上至帝王将相，下至平头百姓，逢年过节或者没事也喝上两口。和普通老百姓喝的酒不一样的是，清宫的酒一般被称为"御酒"。"御酒"的品种还挺丰富，什么太平春酒、绍兴老酒、莲花白酒、樱桃酒、桑葚酒、屠苏酒、玉泉酒等，不一而足。

让人有些意外的是，清宫的"御酒"其实大多是自产而不是来自上贡。清宫有专门的造酒机构，就是设立于顺治十年（1653）的"酒醋房"。据记载，"酒醋房"下设酒匠16名、酱匠16名、醋匠8名、杂役8名，内务府派管领两人专门负责。"酒醋房"之外，光禄寺的"良酿署"、西安门内的"酒局房"，也都专门从事宫廷用酒的制造。造酒的师傅多从全国各地选拔，以保证御酒的酿造水平。

以清宫常用的玉泉酒为例，当时为了造好这款酒，乾隆皇帝特意让人将全国各大名泉的水取来，其中就包括济南珍珠泉、杭州虎跑泉、镇江金山泉、无锡惠泉等。最终评定的结果是西山玉泉水最为甘冽轻柔，水质最佳（以轻重为标准，轻者为优，重者为劣）。为了提高玉泉酒的品质，乾隆规定玉泉水只能在春秋两季汲取，因为这两个季节京城一带雨水最少，玉泉水也就最为清洁。

有了好水，还得有好材料、好工艺。据记载，当时造370斤的玉泉酒，需用糯米3石6斗，麸曲、面曲、豆曲各20斤，大淮

清金廷标《乾隆皇帝宫中行乐图》

曲1块，引酵2斤，还要加上箬竹叶、芝麻、花椒等用料。在造酒师傅的精心酿造下，清宫出产的玉泉酒清香甘美，是当时的酒中佳品，也是清朝帝后饮用最频繁的酒。当时，清宫筵宴名目繁多，用酒量很大，如乾隆三十九年（1774）用去玉泉酒约1038斤，乾隆四十年（1775）用去玉泉酒约1021斤，这说的还仅仅是玉泉酒，其他酒都没算进去。

然而，酒再好也不能多喝，毕竟历史上如商纣、隋炀帝等因酗酒而亡国的教训并不罕见。在《庭训格言》中，康熙皇帝对后代子孙谆谆教导说："我从小不喜欢饮酒，不是我不会饮酒，而是能饮而不饮。平时用膳后，或者遇上年节筵宴，我也只是喝上一小杯，并不多喝。这世界上，有些人闻到酒味就反感，这是天生不会喝酒，但我这种是能喝而不喝，这才是真正的节制。之所以如此，主要是嗜酒贪杯之人，往往心志为其所乱，由此昏昧而致疾病，对人对事实在没有好处。所以，你等后辈，一定要以商纣为反面教材，切不可陷入好酒之风。"

从历史记载看，清朝皇帝好酒的人不多，比如康雍乾三帝，康熙不用说，雍正也不好这一口，乾隆虽然饮酒不少，但他喝的多数是自己调配的药酒，目的是强身健体、延年益寿。在自制的药酒中，松龄太平春酒是乾隆最喜欢的。这种酒是以玉泉酒为原料，加入熟地黄、当归、枸杞、松仁、茯苓等药物，经过特殊调制后，酒精浓度不高而味道醇厚。乾隆每天服用两次，每次一小盅，以达到健脾益气、养血活络的功效。

当然，清朝皇帝也有好酒乃至酗酒的，比如嘉庆和咸丰皇帝，并因此被人指摘。据说，嘉庆皇帝非常喜欢喝酒，一日三餐，酒是必备之物。某年春天，嘉庆泛舟于湖上，见景色宜人，于是酒兴大发，竟一口气喝了四两太平春酒加一斤玉泉酒；几天后，嘉庆再次游湖，喝了六两太平春酒加九两玉泉酒，比上一次还多一两。

咸丰皇帝在位时，遇到太平军起义和英法联军的不断侵扰，国势日衰，原本还算敬业的咸丰也变得颓丧，进而"醇酒妇人"，得过且过了。

慈禧太后也喜欢喝点小酒，她对莲花白酒情有独钟。为了酿造这款酒，慈禧太后特命人在瀛台周围种植荷花数十亩，每到荷花盛开时，她就带着太监、宫女们泛舟于荷叶间，采摘荷花的花蕊，酿成莲花白酒。光绪皇帝身体比较虚弱，不饮白酒，但有时会以葡萄酒佐餐，促进消化。

清姚文瀚《紫光阁赐宴图》（局部）

吃不起的天价鸡蛋

中国人一向以勤俭节约为美德，即便贵为天子，也不能例外。《朱子家训》中说："一粥一饭，当思来处不易；半丝半缕，恒念物力维艰。"这句话放在清朝皇帝身上也算比较贴切。

雍正皇帝在珍惜粮食方面是出了名的苛刻。为了处理宫中的剩饭剩菜问题，雍正就专门下过两道圣旨。第一道是雍正二年（1724），雍正给御膳房下旨："凡粥饭及肴馔等食，食毕有余者，切不可抛弃沟渠。或与服役下人食之。人不可食者，则哺猫犬，再不可用，则晒干以饲禽鸟，断不可委弃。朕派人稽查，如仍不悛改，必治以罪。"大意是：剩饭剩菜不许随意丢弃，吃不完可以给服役下人吃；如果人不吃，就用来喂猫狗；如果猫狗也不吃，就晒干后拿去喂鸟。总而言之，一定不能浪费。

三年后，雍正再次就此事发出上谕："朕从前不时教训，上天降生五谷，养育众生，人生赖以活命，就是一粒亦不可轻弃。即如尔等太监煮饭时，将米少下，宁使少有不足，切不可多煮，以致余剩抛弃沟中，不知爱惜。朕屡屡传过，非止

雍正帝像

一次。恐日久懈怠，尔总管等再行严传各处首领、太监，见有米粟饭粒，即当捡起。如此不但仰体朕惜福之意，即尔等亦免暴殄天物。应不时查拿，如有轻弃米谷者，无论首领、太监，重责四十大板！如尔等仍前纵容，经朕察出，将尔总管一体重责。"

雍正贵为皇帝，对剩饭剩菜这等小事还如此重视，这在中国皇帝中也算是绝无仅有了。

道光皇帝在节俭方面更是登峰造极。《清史稿》在列举道光皇帝优点时，第一条说的是"恭俭之德"，也就是说道光皇帝有勤俭节约的美德。从各种迹象看，道光皇帝在中国古今皇帝中，极有可能是最节约的一个。

《清稗类钞》中说，道光皇帝有件黑狐端罩，衬缎稍为大了点，于是令太监拿去将四周添皮补缀一下，内务府报告说，这样改一下的话，需要一千两银子，道光听后大吃一惊，忙不迭地说不用改了。

还有一次，道光皇帝有条套裤，膝盖处不小心弄破了，后来让内务府的人在破的地方缀一圆绸，谓之"打掌"（也就是打补丁的意思）。大臣们见后，纷纷效仿，也在膝间缀一圆绸，竟然风行一时。有一天，道光召见军机大臣，他看见大臣曹文正的膝间也有缀痕，便顺口问："你这套裤也打掌了？"曹文正说："改做太费钱，所以请人补缀了一下。"道光问："你打掌花了多少钱？"曹文正说："要银三钱。"道光大吃一惊，说："外面东西真便宜！我这里，内务府说要银五两。"

这时，道光对内务府的人起了疑心，又问曹文正："你家吃的鸡蛋，要多少钱？"曹文正是个聪明人，他知道内务府的人捣鬼，又怕得罪那些人，于是说道："臣小时候患气病，从来不吃鸡蛋，所以不知道鸡蛋的价钱。"

也有人说"天价鸡蛋"的事不是发生在道光身上，而是发生在乾隆身上。《春冰室野乘》中说，某次早朝时，大臣汪文瑞来得比较早，乾隆便和他聊聊家常，说："爱卿来这么早，可在家里吃过点心？"汪文瑞回答说："臣家里穷，每天早上不过吃四个鸡蛋而已。"乾隆听后十分惊讶，说："一枚鸡蛋，需要十两银子，我都不敢吃那么多——你一天吃四个，还敢说自己穷？"汪文瑞听后面红耳赤，但他也不敢明说是内务府的人从中作怪，只好敷衍说："外面卖的鸡蛋，都是些残次品，没法和上供给宫中的相提并论，所以我买的都是些便宜的鸡蛋，不过值几文钱罢了。"

有意思的是，晚清官员何刚德在《春明梦录》中，把这个"天价鸡蛋"的故事又讲了一遍，只不过这次的主角换成了光绪皇帝和他的老师翁同龢。光绪皇帝某次在书房与翁同龢闲谈，问老师早上吃的是什么点心，翁同龢回答吃了三个"果子"（也就是荷包蛋），光绪听后便说："师傅每天的早点，要花九两银子了！"

乾隆、道光、光绪三位皇帝，"天价鸡蛋"的故事版本不同，鸡蛋的价钱也不同。清朝时，一枚鸡蛋的市场价不过几文钱，再贵也不过十几文钱，但内务府的人报上去，却成了几两甚至十几两银子的天价。内务府或许认为，皇帝是天子，高高在上，吃的鸡蛋当然和普通老百姓的不同，必须是精挑细选、反复筛验过的，层层加码上去，不就成"天价鸡蛋"了吗？

常年待在深宫的皇帝是真的不知道外面的物价，真像傻子一样被内务府玩弄吗？从各种奏报来看，清朝皇帝对外面的米价等基本商品信息了如指掌，试想当时一石粮食也从未超过一两银子，一枚鸡蛋怎么可能会三两、四两乃至十几两银子？即便是进贡的、经过筛选的优质鸡蛋，也不可能翻几百倍、上千倍的价钱吧。

"天价鸡蛋"的故事无疑是野史，但《春明梦录》的作者何刚德，《春冰室野乘》的作者李岳瑞都是进士出身，都曾做过官，他们的故事或许道听途说，有些胡编乱造的成分，但主要的意思是一致的，就是直指内务府的贪腐问题。

内务府是专门管理宫廷事务的机构，皇帝的吃喝拉撒当然包括在内。在清朝国力鼎盛时期，内务府不但不缺钱，甚至还能从节余中拨款给户部。比如乾隆时期，一年最高能拨出一百多万两白银。直至嘉庆末年，内务府收入减少，也还能向户部拨款十万两左右。等到道光时期，国力严重衰退，内务府不再有盈余给户部。而从咸丰年后，内务府开始向户部借款，直到清朝灭亡。

和清廷各部院不同，内务府属于皇帝专管的部门，御史无权监督。而在晚清时期，皇帝大多年幼，导致掌控力下降，为内务府大臣的贪腐开了便捷之门。如光绪十九年（1893），御史乌尔庆额就上奏称，朝廷各部门中，积弊最深的莫甚于户、工两部与内务府。从同治到光绪年间，多任内务府大臣贪腐渎职，皆为一时大案。因此清史大家郑天挺评价说，内务府实为

"奢汰贪婪之薮"。

清朝皇帝在很多事情上还真斗不过内务府，"道光皇帝的片儿汤"故事就是一例。《春冰室野乘》中说，道光皇帝十分节俭，吃饭只点四个菜，晚膳更为简单，通常是烧饼、小米粥，外加两道小菜而已。年老以后，道光皇帝更加小气，有时想吃某样东西了，但听说太贵，往往又忍住，不让宫里人去买。

因为道光皇帝搞禁欲不消费，内务府的人没有油水克扣，也被弄得大为头疼，怨言多多。不过，他们还是有办法来对付。有一次，道光皇帝想吃片儿汤，让内务府的人按他说的做法去做。内务府报告说："若按皇上的做法，就必须另盖一间厨房，并请专人来负责。这样的话，需拨专款六万两。另外，一年还需要一万五千两的维护费。"这杂七杂八的，道光皇帝想吃一碗片儿汤，没十万两银子下不来。

听了内务府的报告后，道光皇帝大皱眉头，说："朕知道前门外有一饭馆，能做此汤，每碗不过四十文，以后每天就让太监去买吧。"几天后，内务府报告说，前门外的饭馆已关门，原因不明（估计里面大有文章）。道光皇帝听后，叹息道："朕向来不为口腹之欲而滥费国帑，没想到贵为天子，想吃一碗片儿汤都办不到，真是可叹啊！"

道光皇帝虽然苦了自己，但对刹住官场奢靡之风并没有起太大作用。譬如，清朝对治理黄河非常重视，每年拨款五六百万两银子，河道总督也成为人人艳羡的肥缺。但是，这种地方也最容易产生腐败，拨给河工的钱用到什么地方，就很难说了。

　　《春冰室野乘》里有则奇闻，说某河道总督大宴宾客，先进炒猪肉一盘，味道鲜美，非同一般，众人便问如何做法。河帅说，这菜做来不简单，为了这盘菜，屠户们得拿着竹竿在猪圈里抽打那些待杀的猪，等到取肉时，只取猪背上被抽的那块，因为猪被抽打时会全力护住痛处，全部精华都集中于此，所以炒出来的肉片甘美无比。而为了准备这样一顿宴席，得杀五十头猪，因为除了猪背上那块肉，其他肉都腥恶失味，没法再吃了。据说，河道总督宴客从未有终席之说，如果要吃的话，三天三夜都吃不完，总有菜肴不断送上来，吃好的人退席，接着又有人上。如此，道光皇帝再节俭又有什么用呢？不过被这些人挥霍罢了！

　　道光皇帝贵为天子却为群小所摆弄，到他儿子咸丰皇帝那还是这样。《南亭笔记》中说，咸丰亲政时，和道光一样躬行节俭。有一次，上书房的门坏了，内务府请求换个新门，咸丰没批准，说修理一下还可以继续使用。后来门修好了，内务府报账五千两。咸丰勃然大怒，下令讯问究竟怎么回事。下面的人见咸丰认真了，慌忙说数字报错了，是五十两，这事才算了结。

　　另有一次，咸丰有条新的杭纱套裤烧了个豆瓣大的窟窿，左右太监说丢了吧，咸丰再三惋惜，说："物力艰难，弃之可惜，尽量补补吧。"就这样补一下，后来竟然报销了数百两银子。咸丰叹道："做皇帝想勤俭都不容易，何况是奢侈呢？"

　　勤俭节约是中华民族的传统美德，皇帝想给臣民们做个榜样，本来是好事，但好事最终办成了坏事；本来想节省点钱，结果却大大增加了成本，这就未免不是一种讽刺了。

道光帝像

帝后大婚，到底有多复杂？

电视剧《如懿传》中，乾隆册立如懿为继后，两人又举行了一次简略的"帝后"婚礼。乾隆走入殿中，如懿正身穿龙凤同合袍，头戴大红喜帕，主持婚仪的嬷嬷请皇帝揭完盖头，两人一起"坐帐"，再双双喝下"合卺酒"。随后，满族特有的"子孙饽饽"被呈上，寓意多子多福，如懿才刚咬一口，脱口而出一句"生的"，众人乐成一团："要的就是生的！"只要皇后说生，大清还不皇嗣绵长吗？

完成这一步骤，婚礼的所有仪式就此结束。这不禁让人疑惑，帝后的婚礼就这么简单吗？其实，这只是个微缩版的婚礼。因为，皇帝的大婚只有一次，如懿作为继后，则只用办册立仪，不需要再举办一次婚礼。乾隆给如懿的这场婚礼，只是为弥补当年的遗憾，按民间的模式操办而已。所以，要想窥见清朝帝后的全套婚礼规模，还得从那些少年即位，当上天子后再结婚的皇帝身上找模式。

清朝十二帝中，前两位努尔哈赤和皇太极尚未"入关"，礼仪方面没什么讲究，入关后的十位皇帝中，一半在当皇帝之前就已经成婚，只能算是亲王（郡王）的婚礼，末代皇帝溥仪结婚时清朝已经被推翻，真正在紫禁城里办过婚礼的，只有顺治、康熙、同治和光绪四帝。

《清史稿·嘉礼》记载，顺治14岁大婚时，清朝才终于完善了皇帝纳后的礼仪。

皇帝结婚，也是遵循中国古代礼仪大全《仪礼·士昏礼》中的规定，再按皇家规模酌情更改的。古代的婚礼分为六个步骤：纳采、问名、纳吉、纳徵、请期和亲迎。不过，这是士人或百姓的婚礼，天下至尊的皇帝是不需要亲自去迎接皇后的，所以，"亲迎"这个步骤由他人代劳，称为"奉迎"。清朝的皇后都由选秀决出，秀女名字早已记录在案，也就不需要"问名"和"纳吉"这两个步骤了。"请期"这一环节也由皇家吩咐钦天监推算好，再通知皇后家即可。另外，"纳徵"也就是送聘礼环节，为了彰显皇家的气象，改为"大徵"。看起来，皇帝的婚礼似乎反而被缩减了规模，其实并非如此，帝后结婚，前前后后的仪式比士昏礼复杂得多。

士昏礼只有婚前的六礼，帝后结婚，则还有婚后的一系列章程，才算完成整套礼数。清朝帝后结婚仪式分为以下几个步骤：

婚前：纳采、大徵。

婚礼：祭神、册立、奉迎、合卺。

婚后：庙见、朝见、庆贺、颁诏、宴会。

先看纳采的仪式。确定好选谁为后，行纳采礼的前一天，皇家先要祭祀郊、社和太庙。到了当天，太和殿里摆满各种礼物和毛色漂亮的文马，宣诏的官员宣布圣旨："兹纳某氏某女为后，命卿等持节行纳采礼。"由大学士将符节交给去行纳采礼的正副使，两人持节从太和门中门出发前往皇后家。一路上，前面有大型仪仗队作为前导，左右卫士牵着马跟随，队伍浩浩荡荡。皇后的父亲穿着朝服提前恭恭敬敬地跪在门口右侧迎接，使臣们把符节、礼物、马匹全部交付，皇后家人登记完毕，集体跪谢，纳采就此结束。

纳采礼只是男方家略送薄礼的仪式，算是预热。清朝皇帝中，光绪皇帝大婚的礼仪资料最为完备，当时光绪皇帝纳采的礼物有文马4匹、鞍辔10副、甲胄10副、缎100匹、布200匹以及金筒银盆等，这些礼物都由内务府筹办。傍晚，皇后家要举办纳采的宴会，按女方婚礼由男方出钱的模式，当天的晚宴由光绪皇帝命官员们操办，算是感谢皇后的父母为大清养育了一国之母。

接下来是大徵仪式，光绪皇帝的大徵礼由钦天监卜算，选在光绪十四年（1888）十二月初四，与纳采礼差不多，也是正副使带领相关人员去皇后家送礼。大徵礼分为两批，给皇后的和给皇后家的。给皇后家的，算是正式意义上的聘礼，而给皇后的，则要随着妆奁一起返回宫里。

大徵仪式结束后，婚前准备已经走完，终于到了婚礼。光绪十五年（1889）正月二十六日，是光绪和隆裕皇后举办大婚的吉日。当天，光绪皇帝再次派人告祭天地、太庙和家庙奉先殿，再去慈宁宫给慈禧太后请安报告。随后，光绪到太和殿检阅给皇后的册宝，命令"奉迎"的使臣："皇帝钦奉皇太后懿旨，纳某氏为皇后。兹当吉月令辰，备物典册，命卿等以礼奉迎。"

　　一众使臣再次来到皇后家，皇后全族按次序恭迎，父亲率领男性亲属穿朝服在门外跪迎，母亲带女性亲眷穿朝服在庭院里跪迎，皇后本人则穿着龙凤同合袍站在庭院里等候。使臣入内将皇后的册宝交给同批来的女官，左边的女官跪着向皇后献上册宝，皇后恭敬地领受，再交给右边的女官，然后陈放在案板上的化妆盒里。接受完册宝，皇后的册封仪式完成，接下来，皇后向父母告别，六肃三跪三叩后，坐进皇家专属凤辇。

　　此时，皇后梳着两把头的样式，戴着富贵绒花，由亲王福晋奉上苹果和双喜如意，皇后左手拿红苹果，右手执金如意，寓意平安如意。装点完毕，仪仗队启程向皇宫进发。正副使节骑马在前，皇后全族则跪着送别仪仗队——皇后的母亲率领女眷送到凤辇前，父亲则率领子弟在大门外跪送。光绪皇帝的大婚吉时测算在子时，因此，隆裕皇后一行出发时已是深夜，宫女、太监一路提着宫灯照明，沿途挂满了大红灯笼，放眼望去，真有"千万家灯火楼台，十数里烟云世界"的浪漫感。

　　顺治帝大婚的时候，皇后的辇轿到达协和门后，后面的大型仪仗队就停下了，只有凤辇从中门进入，一直到太和殿台阶下，皇后下辇轿步入殿内。同治帝、光绪帝大婚，皇后则是坐轿到午门外，再由九凤曲柄伞作为前导，引领凤辇一直到达乾清宫。在乾清宫门口，皇后交付红苹果和金如意，同时接过装满金银珠宝的宝瓶，按民间习俗跨过火盆，再从乾清宫后的槅扇门换乘雕刻孔雀顶的轿子，送入坤宁宫东暖阁洞房。

　　这才到了洞房环节，揭龙凤同合纹盖头、坐帐、吃子孙饽饽等。随后，皇后要重新梳妆，脱掉龙凤同合袍，改换更隆重的朝服，与皇帝面对面坐在龙凤喜床下的合卺桌前，喝交杯酒。与此同时，外面也进行着大型庆宴。比起合卺小宴，外面的宴席热闹多了，皇后的父亲和亲属们由皇帝赐宴，一同来吃酒的还有王公大臣和百官，皇后的母亲和女眷亲属们则由太后宴请，公主、亲王福晋和命妇们参与庆贺。

合卺礼完，帝后才算确定了夫妻关系。

按民间习俗，媳妇第二天要拜见公婆，皇家大部分情况都是先帝去世，新帝才能即位，那么，公公只能在画像和太庙里见了，所以第二天，皇帝要带皇后去祭拜皇家宗庙，就是"庙见"礼。随后，新皇后再去拜见婆婆，也就是到慈宁宫见皇太后，即"朝见"礼。一般情况下，朝见礼都在新婚第二天，不过，各个皇后拜见的时间都有不同，顺治的皇后博尔济吉特氏是在婚后第三天才去拜见孝庄太后，康熙的皇后赫舍里氏第二天就朝见两宫太后——孝庄太皇太后和顺治的第二任皇后博尔济吉特氏，光绪的隆裕皇后一直过了六天才朝见慈禧太后，这是因为钦天监占卜时，非说二月初二龙抬头那天才是朝见的吉时。

帝后完婚是国家大事，接下来，皇帝要在太和殿接受王公百官的庆贺，官员们写好贺表进献，再找人朗读出来。庆贺完毕，皇帝颁下诏书，告示天下。诏书首先在天安门城楼用满汉两种语言宣读一遍，底下王公百官们三跪九叩。随后，礼部官员将其刊印发行于大清全境。

接下来，就到了最后的酒宴，皇帝宴请王公大臣、皇后的父族亲属、外国使臣等。各部门和各官阶的官员的座次，以及外国使臣的座次，都有严格的规定。宴会自然少不了歌舞助兴，在一片祥和的气氛中，群臣酒足饭饱，鸣鞭三下后，散场，各自回家。至此，帝后大婚的所有仪式都已完成。

虽然只有这几个环节，可实际操办起来，每一项都很兴师动众，光是给皇后家准备的聘礼，内务府就要忙活大半年，婚礼更是动员了清朝的全部贵族。对谁来说，这都是一件举世罕见的大事。而对结婚的当事人来说，这恐怕也是一生所经历的最复杂的事。

清庆宽等《（光绪）大婚典礼图册》之《大徵礼图》（局部）

全年无休的时间管理大师

中国历代帝王中，清朝皇帝大概是最勤政的，雍正皇帝又是其中最杰出的代表。雍正在位13年，不巡幸，不游猎，除了去过河北遵化东陵几次，就基本没出过北京城，主要原因是政务太忙，根本没时间出去享受。

雍正处理朝政，从早到晚，寒暑不断，年年如此，几乎没有停息。据统计，从雍正元年（1723）至十三年（1735），雍正共批阅六部及各省题本19万件，平均每年15000件，每天40件以上。至于奏折，雍正大约批过35000千件，这还是汉文奏折，满文奏折没算在里面。

接见官员是清朝皇帝的另一项重要政务。据统计，雍正在位期间共召见官员7000人以上，其中文官5800余人，武官1400余人，部分官员还被多次召见。比如雍正五年（1727）四月十六日，雍正分11批召见官员31人，以决定任免。据《清代官员履历档案全编》记载，整个清朝268年中，雍正一朝接见的官员占到四分之一。雍正皇帝可谓勤勤勉勉，不怕繁累。曾任户部侍郎的王承烈先后五次见雍正帝，第二次见时，雍正问他："你是前次在西暖阁召见的八个人中最后一个进来的吗？"可见雍正记忆力惊人。

雍正曾写诗："勉思解愠鼓虞琴，殿壁书悬大宝箴。独览万几凭溽暑，难抛一寸是光阴。"随便翻开起居注或实录等资料就会发现，雍正每天的工作都排得满满当当：白天，他忙着召集大臣开会、接见外放官员、出席各种仪式；大臣们下班了，雍正吃过晚饭，还得在灯下批阅奏折，"秉烛至丙夜、子夜未罢"，"每至二鼓、三鼓"。

雍正每天的工作生活，用他自己的话来说就是："朕自朝至夕，凝坐殿室，披览诸处章奏，目不停视，手不停批，训谕诸臣，日不下千数百言。"类似记录，在他的朱批上比比皆是，比如："灯下所批，字画潦草"；"灯下批写，字迹可笑之极"；"夜漏下二鼓，灯下随笔所书，莫哂字画之丑率也"。

勤政归勤政，但过犹不及。像雍正这样一年到头从早忙到晚，换谁也吃不消。过度劳累的结果就是，雍正在位仅13年，年龄不过55岁就驾崩了。这和他的父亲康熙69岁驾崩、儿子乾隆89岁高寿相比，无疑差距有些大了。事实上，雍正很可能是连续加班，导致"过劳死"而驾崩的。

相比雍正，乾隆也算勤政，但他不像其父皇那样一味苦干，而是勤干加巧干，工作生活两不误。同样是每天24小时，乾隆的作息很有规律，工作生活处理得井井有条，一般情况下他不会加班，更不会加班到深夜。以乾隆三十年（1765）正月初八日为例，来看看乾隆是如何管理这一天的。

早上四点，东方微白，乾隆就起床了。在太监宫女们的侍候下，净脸、梳辫、更衣，穿戴整齐后，他先饮冰糖炖燕窝醒醒神，接着乘四人暖轿到同豫轩进早膳。之后，乾隆到乾清宫西暖阁看《圣训》。《圣训》是康熙所言、雍正所编，皇帝上朝前都要阅读《圣训》或者实录，以了解祖先治国的功绩、理念和方法。

七点时分，天色大亮，正式上班时间到了。不过，正月初八这天有些特殊，乾隆没有按例御门听政，而是在重华宫举行茶宴，这是联络君臣感情之举，时间大约三小时。

上午十点，茶宴结束。大臣们退出后，乾隆移驾前往养心殿、勤政亲贤殿披览奏折。

等到下午一点，有个重要的工作就是接见臣工，地点在养心殿前殿。当天，乾隆共接见各部引见的官员51名，用时约两小时。

三点左右，乾隆在养心殿用晚膳。当时人一天只吃两顿饭，皇帝也不例外。稍作休息后，乾隆接着批阅当天内阁送来的各部院、督抚、提镇奏章。这时，最亲信的领班军机大臣傅恒还得伺候在旁，以备随时召见，商议重要政务。

下午五点，一天的工作算是结束了，乾隆一般会前往养心殿、三希堂等处鉴赏自己收藏的古玩字画。当然，如果政务繁忙，他也会利用这段时间加加班，批批折子。

晚上八点，乾隆回到养心殿后殿东暖阁就寝，一天就算结束了。

乾隆三十年（1765）正月初八的这一天，只是乾隆在位60年里非常普通的一天。从这天的活动可以看出，乾隆对日常工作的安排从容不迫，有条不紊。他正因为善于管理自己的时间，才得以成为中国古代皇帝中的大寿星吧。

乾隆帝像

清宫宠物地位有多高？

在很多人印象中，乾隆皇帝六下江南，成天游山玩水，吟诗题字，日子过得好不潇洒；他的父亲雍正皇帝却"日夜忧勤，毫无声色土木之娱"。那么，这一历史印象靠谱吗？答案是否定的。

从档案记载看，雍正对声色犬马并非无动于衷。不客气地说，四爷对于雕虫玩物、西洋奇巧这些堪称精通，论境界、论层次，简直可以把乾隆甩出好几条街。譬如，对绘画、陶瓷、眼镜、自鸣钟等，雍正都十分在行，堪称"发烧友"级别的爱好者。

以养宠物为例，雍正的讲究几乎到了挑剔的程度。从宫廷画师郎世宁留下的画作来看，雍正当时养了不止一条狗，其中还不乏进口的洋狗。对于这些宠物狗，雍正经常忙里偷闲前去逗弄，而这些可爱的狗狗也确实给雍正带来了不少欢乐。

在内务府档案（《活计档》）中，雍正传谕造办处制作狗衣、狗笼、狗窝、狗垫、套头等的记载，大大小小不下一二十起。其中，大多是雍正亲自确定样式，造办处做成后，又被雍正多次指示返工修改，这才勉强过关的。

　　雍正有两条特别喜欢的宠物狗，一条叫"造化狗"，一条叫"百福狗"。雍正三年（1725）时，造办处收到旨意，要为"造化狗"和"百福狗"各造狗窝一座。雍正特别指示，狗窝"里外吊氆氇，下铺羊皮"。氆氇是一种织得十分精细的毡子，适合给狗挡风，再铺上羊皮的话，这狗窝是既舒适又保暖。三年后，雍正又让造办处制作两个精致的小圆狗笼，狗笼用竹子做架，分别用红、黑氆氇做罩面，里面铺黑布垫和白毡垫各一件，以便区分。住在这么舒适的安乐窝里，雍正的这两条爱犬，真是对得起它们的名字"造化"和"百福"了。

　　在百忙之中，雍正还亲自为他的爱犬设计服装。雍正五年（1727）时，雍正指示造办处给"造化狗"做纺丝软里虎套头一件，再给"百福狗"做纺丝软里麒麟套头一件。造办处做好后，雍正觉得不满意，又让人在虎式套头上加上两个耳朵，麒麟套头上安上眼睛、舌头。

　　除了仿丝料狗衣外，雍正还下令制作过虎皮狗衣、猪皮狗衣、豹皮狗衣等。每件狗衣，雍正都会认真查看，不许有丝毫马虎，稍有不妥，就必须返工。比如，狗衣上的纽襻钉得不牢固，就得重新钉一遍；皮托掌做得不好看，就要拆去重新做。

　　有一回，宫里新来了一条名叫"者尔得"的小狗，雍正十分喜欢，于是特召画师郎世宁前来写生。郎世宁画好后，雍正点评说："样子看起来不错，但小狗尾巴上的毛有些短，身体也小了一些。"于是，让郎世宁照原样另画一张。郎世宁画了二稿后，雍正还不满意，直到第三稿才算通过。

　　作为清朝皇帝，雍正这样爱狗似乎有些玩物丧志。不过这也不能全怪他，因为明清两朝，紫禁城就一向有养宠物的习惯。在明朝的时候，紫禁城里养过很多动物，其中尤以猫最多。据说，猫是朱元璋为了对子孙后代进行性启蒙和性教育而专门饲养的。"子孙生长深宫，恐不知人道，误生育继嗣之事。使见猫之牝牡相逐，感发其生机。又有鸽子房，亦此意也。"

当时，明宫中设有养猫的"猫儿房"，有专门的太监负责照料。明末沈德符记述说，明朝宫廷十分喜欢猫，宫中各处养了很多猫，这些猫还有代称，母猫叫"丫头"，公猫叫"小厮"，做了绝育手术的叫"老爹"。还有些猫享受了皇帝的"名封"，被叫作"管事"，在皇帝颁布赏赐时也会根据职位"领赏"。而嘉靖、天启等皇帝，都是知名的"爱猫一族"。

和明宫不同，清宫中最受宠爱的是狗，这主要和满人的传统有关。满人来自关外，擅长渔猎，狗是他们打猎的好帮手，所以满人一向把狗视为忠实的好伙伴。据说，以前满人不吃狗肉，不戴狗皮帽子，不铺狗皮褥子，也不允许外族人戴狗皮帽子进家。狗活着的时候被精心豢养，死后也会像家人一样实行土葬。

清朝入关后，清宫中设有专门的养狗处，就是档案中记载的"狗房"。康乾、嘉庆时期，皇帝经常去塞外木兰行围射猎，豢养猎犬也就必不可少了。需要指出的是，康熙虽然养狗，但不养宠物狗，也不养其他宠物。据载，在康熙二年（1663）时，西北某大帅用黄金笼装了一只鹦鹉送给年仅10岁的康熙皇帝，遭到后者的拒绝。

　　和雍正一样，乾隆也十分喜欢宠物狗。在故宫博物院里，藏有乾隆的一幅《十骏犬图》，栩栩如生地画着十条品种高贵的名犬，乾隆将它们分别命名为"霜花鹞""睒星狼""金翅狻""苍水虬""墨玉螭""茹黄豹""雪爪卢""蓦空鹊""斑锦彪"和"漆点猣"。

　　有一年，新疆的王公派人入京进贡，贡品包括奇玉、良马和两条名犬。乾隆得报后，特别交代说："马匹可以一路放牧，无须另给草束；狗须沿途喂养，每只每日给米肉一斤，以防中途倒毙。"

　　在故宫博物院所藏清宫绘画中，宠物狗的出现频率还不低。《清宣宗行乐图》中，道光皇帝的两位小公主身边，就跟着两只漂亮的京巴狗；《道光帝喜溢秋庭图》中，在皇帝一家子周围，也同样能看到很多小狗。前几年，在故宫博物院的一次展览中，清宫宠物狗穿戴的各种衣饰也被展出，足以看出当年清宫养狗的氛围了。

　　再如雍正曾给御膳房下的那道圣旨："凡粥饭及肴馔等食，食毕有余者，切不可抛弃沟渠。或与服役下人食之。人不可食者，则哺猫犬。再不可用，则晒干以饲禽鸟，断不可委弃。"从这段话里，不仅能看出雍正反对浪费，同时也能看出清宫中养了不少猫狗。

　　在清宫里，宠物都有花名册，并按相应的等级享受不同待遇。比如宠物狗，就有专门的《犬册》，记录狗的名字和生卒日期，由太监按月领取它们的分例。从《犬册》的记载可以看出，皇帝对自己的爱犬非常在意，时不时还会给它们加餐。比

清郎世宁《十骏犬图》之《茹黄豹》

如雍正四年（1726）十月初九日就记着："小狗两条，常添猪肉十两，今日添起。"八天后，又记载说："狗四条，常添牛肉二斤八两，今日添起。"这待遇可不比现在的宠物狗差啊。

清宫养宠物的风气一直延续到清末。慈禧太后就特别爱养哈巴狗。慈禧爱犬的穿戴也十分讲究，故宫博物院里收藏着几件老佛爷宠物狗的狗衣，这些狗衣用料华美，有的还精心绣上了漂亮的图案。为了照顾好这些宠物狗，当时东华门内还设立了一个"内养狗处"，安排四名太监负责狗的饮食、调教和修饰。

慈禧太后养过的宠物狗中，黑玉、乌云盖雪是比较出名的。黑玉是一只京巴狗，非常活泼可爱，很得慈禧太后的欢心。某次，慈禧太后正要上朝，养狗太监突然跑来禀告："黑玉生了四只小狗！"慈禧太后听后十分高兴，退朝后立刻去养狗处看小狗，并交代管狗太监好生照料。

清宫嫔妃们也会养猫。和宠物狗一样，御猫也有《猫册》，每月也有一份钱粮。在《猫册》上，同样记载着这些宠物猫的名字和生卒日期，什么"玉簪""墨虎""芙蓉"等，都是它们的主人根据猫的外形特征取的名。除了猫狗以外，清宫还养过小猴子、洋鸭、兔子等宠物，这些在档案上都有记载。

值得一提的是，清宫还有一种特殊的小宠物，那就是蛐蛐。《清宫词·鳌山蛩声》里有首诗是这样写的："元夕乾清宴近臣，唐花列与几筵平。秋虫忽向鳌山底，相和宫嫔笑语声。"说的就是清宫养蛐蛐的事。据吴振棫《养吉斋丛录》记载，早在康熙年间，内务府就奉命在暖房种养花卉兼养蛐蛐，以备除夕、元旦举行宫廷大宴之用。试想，在寒冬腊月里，皇帝嫔妃和王公大臣们一边吃着大餐，一边欣赏周围的鲜花，耳旁还不时传来清脆悦耳的蛐蛐声，这是何等的美事、乐事！

相比宠物猫、宠物狗，养蛐蛐的成本相对较低，因而民间盛行，清宫也难免受此影响。清宫中的蛐蛐，主要有三个来源：一是自己孵化，二是派专人捕捉，三是地方进贡。所以，每年立秋之后，清宫角落里就会时不时传来蛐蛐声，这一风气一直延续到晚清。

养蛐蛐当然不只是用来听声音的，斗蟋蟀在清朝也同样盛行。由于承平日久，清朝的王公贵族们大多是此中高手。同治做皇帝的时候，就有非常精美的大、小蟋蟀罐一套。其中，大蟋蟀罐用来斗蛐蛐，小蟋蟀罐用来养蛐蛐。此外，养蛐蛐的附件如瓷牌、小过笼、水槽等也一应俱全。

电影《末代皇帝》快结束时有个镜头，已经成为平民的溥仪重新回到了自己曾经的家——故宫，他翻过太和殿里的围栏走向宝座时，被一个小孩制止了。溥仪说："那是我原来坐过的地方。"小孩说："证明给我看！"溥仪就从龙椅背后掏出了一个蛐蛐罐。

溥仪养蛐蛐的剧情大体是真实的，他很小的时候，太监就给过他蛐蛐罐玩。后来，他在天津张园隐居时，也常派人去给他找蛐蛐。他就像电影里的那只蛐蛐，最终脱离了清宫，开始了新的人生。

皇帝也"鸡娃"

在很多人印象中，做皇子一定很幸福。实际上，清朝的皇子压力很大，非常辛苦。

据《养吉斋丛录》记载："我朝家法，皇子、皇孙六岁即就外傅读书。寅刻至书房，先习满洲、蒙古文毕，然后习汉书。师傅入直，率以卯刻。幼稚课简，午前即退直。退迟者，至未正二刻，或至申刻。惟元旦免入直，除夕及前一日，巳刻准散值。"

一年当中，皇子只有元旦、端午、中秋、皇帝生日和自己生日这5天可以放假，其他也就除夕和除夕前一天可以每日只上半天课，算下来一年仅有6天假期。比起清朝的皇子们来说，现在的中小学生是不是要幸福多了？

清人赵翼曾这样描述清朝皇子们读书：每至五鼓，百官尚未早朝。有先至者残睡未醒、在黑暗中倚柱假寐时，即有白纱灯一盏入隆宗门，则皇子进书房也。在皇帝和师傅的严厉督导下，清朝皇子们不分寒暑晴雨，几乎天天如此。赵翼感叹说："我们这些靠读书做官的，都不能天天早起。天子之家的金玉之体，尚且能天天如是，真是三代以上，也有所不及啊。"而为了培养吃苦的精神，即便是炎炎酷暑，皇子们读书时也不允许使用扇子。

清朝皇子在上书房都学些什么呢？课程包括满、蒙、汉等语言文字，"四书五经"之类的传统儒学经典，国史、圣训、策问、诗词歌赋、书画等，内容十分丰富。

康熙皇帝早年读书时，就曾有过度勤奋而"痰中带血"的经历。有了自己的皇子后，康熙更是要求严格，他认为：皇子教育必须从小开始，被娇惯的孩子长大后不是痴呆无知，就是任性狂恶，这不是爱他，反而是害他。因此，康熙经常在听政之余检查皇子们的学习情况。

康熙二十六年（1687）六月初十寅时，也就是凌晨3点到5点，皇子们进入书房早读；卯时，也就是早上5点到7点，满人师傅达哈塔、汉人师傅汤斌和耿介，还有记载皇太子言行的起居注官也进了胤礽的书房。按康熙"书必背足一百二十遍"的规定，14岁的太子胤礽读完后，便让师傅汤斌过来听他背书，要是胤礽背得一字不差，汤斌就用笔做上记号，再教新书。教完后，胤礽还要练习书法，每次都要写几百个大字（字必须写一百遍）。

9点前后，康熙上完早朝，就会过来检查皇子们的读书情况。他先进皇太子书房，问师傅汤斌："皇太子的书背得熟否？"汤斌回奏："很熟。"康熙便拿起书，随便挑出一段让胤礽背诵。临走时，康熙还特意叮嘱起居注官，让他们好好监督皇太子学习。

康熙走后，胤礽开始写作文，一直写到12点左右，侍卫们给皇子和师傅们送午饭来。吃完饭也不休息，胤礽继续读新课文一百二十遍，接着又是背书。下午3点左右，侍卫送来点心，胤礽吃完后开始上体育课，练习射箭。射完箭，胤礽还得继续回去学习，师傅汤斌和耿介开始疏讲经义。

这天下午的四五点钟，康熙又带了一批大臣过来。这次，16岁的大阿哥胤禔、13岁的三阿哥胤祉、10岁的四阿哥胤禛、9岁的五阿哥胤祺、8岁的七阿哥胤祐、7岁的八阿哥胤禩，还有他们的师傅也都带了过来。皇子们到齐后，康熙对大臣们说："朕宫中从无不读书之子。向来皇子读书的情形，外人不知。今特召诸皇子前来讲诵。"换句话说，这是要在大臣们的面前，公开抽查皇子的读书情况了。

太子师傅汤斌听后，便按照康熙的旨意，拿出一本经书随意出题，诸皇子依次背诵并逐一讲解。让康熙感到满意的是，这次的抽查成绩很不错，就连7岁的八阿哥胤禩，也能将所学的文章讲得头头是道。唯一的例外是皇五子胤祺，因为他从小被带在皇太后身边，皇太后只让他学习满文，所以他不通汉文，有些不知所措。康熙见后，只好让他写满文一篇，交由满大臣看一遍。

由于皇子们在大臣面前表现不错，康熙高兴之余，便亲手写了几个大字，为皇子们示范书法。随后，康熙又命侍卫们在院中装好箭靶，要测试皇子们的射箭本领。皇子们随后依次连射，劲道很足。康熙见后大为开心，于是让师傅们也来射箭。最后，康熙亲自上马，连发连中，好不得意。皇子们一天的生活，就这样过去了。

康熙对皇子们的教育非常用心，很多时候他还会亲自教导。比如康熙自己写得一手好字，他也希望皇子们能够继承这个优点。从后来的结果看，除八阿哥字写得一般外，三阿哥胤祉、四阿哥胤禛、七阿哥胤祐和十四阿哥胤禵的书法都非常漂亮。康熙二十八年（1689），康熙南巡路过济南珍珠泉时，大臣张英、高士奇等奉命题写匾额，张英挥毫之际，康熙特意提醒围聚观看的阿哥们好好观察张英是如何用笔的。

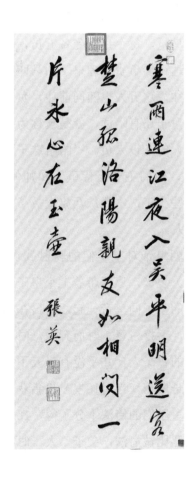

清张英手书七言绝句

当然，清朝皇帝日理万机，事务繁忙，不可能有太多精力放在皇子教育上。当时，皇子们读书有专门的机构负责，这就是上书房。按规定，上书房设总师傅一名，总管皇子们的教学事务。每个皇子则各配有汉人师傅和满人师傅若干名，负责具体的教学事宜。

皇子们的满人师傅分两种，一种称"内谙达"，他们由八旗翻译出身人员选派，主要教授满文、蒙古文，每一皇子配备三人，轮流入直；另一种称"外谙达"，主要教皇子骑射弓箭和教演鸟枪，每个皇子配备五员，也是按班入直。此外，这五名外谙达还要负责管理皇子的马匹鞍鞯、弓箭鸟枪。如果皇子有事他往，这五人也随同前往，负责照料和保卫工作。谙达之外，各皇子还有陪读，就是被称为"哈哈珠子"（又称"哈哈珠塞"）的杂役人员。"哈哈珠子"在满语里是"男孩子们"的意思，他们主要服侍皇子和师傅茶食等杂事，有些类似书童。这些少年，主要从八旗大员子弟中挑选，也是轮流值班，每天两人。

清朝皇帝对皇子们的骑射武功十分重视。康熙三十一年（1692）夏天，康熙带着七个皇子巡视塞外，整整一个月，这些年幼的皇子同皇帝一起，终日在马上任凭风吹日晒。他们身背箭筒，手持弓弩，时而奔驰，时而勒马，显得格外矫捷。他们之中的每个人，几乎没有一天不捕获几件野味回来，连最小的九阿哥胤禟（当时10岁）也猎获了两只鹿。因为从小就训练有素，皇子们的箭法十分了得，16岁的三阿哥胤祉在围猎中多次与康熙比试箭法，父子二人一时间竟难分高下。看着皇子们个个有出息，康熙这时候大概是最开心的。

值得一提的是，即便结婚分府后，皇子们的教育也不能免除。据《养吉斋丛录》记载，已婚分府的皇子仍命入上书房读书，不过多属自习性质，大约中午就可以放学。如果当日另有差使，就可以不进上书房。此外，成年皇子仍派上书房行走一人，谓之"照料"。清人赵翼在《檐曝杂记》中大为感叹："本朝家法之严，即皇子读书一事，已迥绝千古。"

清朝皇子读书之严格，即便到了晚清也同样如此。据醇亲王奕譞在《竹窗笔记》中记载，当时皇子读书，师傅均由皇帝指定，如功课未完成或被罚书罚字，必须等师傅批准才能去吃饭，随侍的内谙达及太监们，没有一个人敢去催促，放学也同样如此。

和前朝相比，清朝的皇子教育确实有很多可圈可点之处，其中又有以下几个突出的特点：一是文武并重，胜过之前的重文轻武；二是重视程度远胜前朝；三是课读和监督制度完善，皇子的读书时间、学习内容、师傅的聘请，都有系统而严格的规范。在此制度下，每个皇子很小就进上书房读书，等到成年后，大都精通四书五经、满汉双语，诗文书画也有相当造诣。

从效果上看，皇子们也是文武兼备，全面发展。皇子们还经常随驾出巡、行围狩猎、出京办事、统兵祭祀，通过实践得到了锻炼。也正因为极其重视对皇子的教育，清朝才没有像以前的朝代那样屡出昏君，这应该说是难能可贵了。

第二辑

后宫的秘密

清朝后宫是如何选秀的？

　　说起皇帝的后宫，人们会想到"三千佳丽"。事实上，这个说法来自白居易《长恨歌》里的名句，"三千宠爱在一身"。在很多朝代，仅仅"三千"是远远不够的。

　　古代后宫中成千上万的女子究竟是从哪里来的？这些人都是皇帝亲自挑选的吗？这些问题不能一概而论，每朝每代的情况都有所不同。

　　在上古时期，很多后妃和宫女都是战利品，来自战败一方的女俘。此外，也有一些来自非程序化的籍没或劫夺，但多数都是通过正式的、规范化的采选而来。《后汉书·皇后纪》记载：在东汉时，每年阴历八月，宫中都会派遣中大夫等专人到洛阳乡间阅视民间童女，那些13岁以上、20岁以下，面容姣好、长相吉利的女子，往往会被选中，之后就用车载入后宫，成为妃嫔或宫女。

　　三国时，吴主孙皓荒淫无道，令黄门在各地科取将吏家女，凡两千石大臣之女，"年十五六一简阅，简阅不中，乃得出嫁。后宫千数，而采择无已"。晋武帝灭吴后，将吴国后宫中五千宫人全部占为己有，犹不满足，其后又仿照孙皓所为，将很多大臣之女选为后妃，庶民之女充当宫女。

十六国时，后赵暴君石虎采选民女上万人入充后宫，在一次采选中，为夺民妻而将其夫逼死者竟达三千余人。至于之后的隋炀帝、唐玄宗等，其后宫动辄上万人甚至数万人，其采选规模可想而知。

历朝采选宫女都有一定的标准。首先是年龄，大概在13至20岁之间。当然，年龄也未必是硬性规定，有些皇帝性取向异于常人，只要有姿色、符合他的要求，别说年龄，就连寡妇都可选入后宫。此外，如个别变态的皇帝如明世宗朱厚熜就将采选年龄下限定在11岁，而且选过多次。

被采选的民间女子必须接受严格的身体检查，体检时每一道程序都十分仔细，如要求容貌姣好、身材修长、手脚灵活、口齿清楚等，出现任何一点瑕疵，即便皮肤上长了一颗小黑痣，也都会被淘汰掉。

明朝选取后妃和宫女时，制度已经十分规范。据记载，当时选秀的第一步是从民间"海选"5000人参加，经过宦官们察看后，那些有缺陷的女子首先被淘汰；接着，剩下的4000人再从五官、头发、皮肤、音色、仪态五方面进行挑选，于是又淘汰1000人；之后，太监们会用尺子仔细测量候选女子的手足长度，并考察她们的步姿和风韵，最终留下的1000人，才具备成为宫女的资格。

入宫后，这些女子分别被引入密室，"探其乳，嗅其腋，扪其肌理，察其贞洁"，做更进一步的身体检查。这样，再从这1000人中选出300人作为后妃的候选人。这300人，在宫中经过一段时间的考察后会筛掉250人，剩下的50人才能晋级为嫔妃。最后，由皇太后或太妃从中选出3人供皇帝钦定皇后。这样，采选程序才算结束。

据说，明光宗当太子时选太子妃，某刘氏与郭氏姐妹进入最后一轮角逐，郭家大姐被选为太子妃，其妹与刘氏落选而被赐给金币后返回家中。然而，这位刘氏女自感身价百倍，回故里后无意于凡夫俗子，竟终身未嫁！

和以往朝代向民间普选民女不同的是，清朝的后宫女子只在旗人家庭中挑选。一种是从八旗也就是满洲八旗、蒙古八旗和汉军旗中挑选秀女，通常三年一次；另一种是从内务府三旗中挑选宫女，通常每年一次。

先说八旗选秀。八旗选秀是为皇帝和皇子皇孙，还有近支宗室的亲王、郡王等物色婚姻对象，所以要求比较严格，并非所有的旗人女子都可以参加。

按顺治朝规定，凡旗人家年满13岁至16岁的女子，都必须参加每3年一次的选秀，未经参选的不得自行婚配。这一规定，主要是因为当时旗人人数有限，可供挑选的秀女不多，所以挑选范围比较广泛。

后来，随着八旗人丁的不断兴旺，可供挑选的旗人女子越来越多，宫中选秀的遴选范围也逐渐缩小，只在旗人官员家庭中挑选了。而且，也不是所有旗人官员家庭都有资格，必须要有相当品级，才可以入选。比如乾隆年间规定：各旗员外任官，文职正五品以下，武职从三品以下，及驻防八旗三品以下官员，随任之女均免予选送。

嘉庆年后，八旗选秀的规定更加严格，除了外任官资格仍和乾隆朝相同外，在京八旗的入选范围也有所缩小，如汉军旗必须是笔帖式、骁骑校以上的家庭女子才可入选，而满洲八旗、蒙古八旗家庭也必须是护军、领催以上，其他如拜堂阿、马甲以下家庭的女子，都不再具备入选资格。等到光绪年后，参选家庭的品级资格更加明晰，那就是：在京为官的旗人家庭，文职七品以上、武职六品以上；外任的旗人官员家庭，文职五品以上、武职四品以上，才具备参选资格。

从以上记载来看，康熙朝后参加八旗选秀的，都是具有相当品级的旗人官员家庭女子。此外，必须在13岁到17岁之间，而且身体没有明显残疾的，才能够送去备选。之所以对八旗选秀做出这样严格的规定，除了避免过度滋扰、节省选秀成本，也是为了保证爱新觉罗皇族血统的纯正和高贵。

据清人吴振棫在《养吉斋丛录》中对嘉庆、道光年间选秀的记载，大概过程如下：

每逢挑选之年，由户部奏准后，行文八旗各都统衙门及各驻防八旗，有关人员将适龄女子逐一出具印结，呈报该旗都统后，再汇报户部。之后，参选秀女在京汇集，在规定的时间内阅选。

《养吉斋丛录》记载："每日选两旗，以人数多寡匀配，不序旗分也。挑选之前一日，该旗参领、领催等先排车。如挑正黄、镶黄两旗，则正黄之满、蒙、汉分三处，每一处按年岁册，分先后排定。镶黄之满、蒙、汉亦分三处，每一处亦按年岁册，分先后排定，然后车始行。"顺序排定后，秀女们就开始进宫了，"首正黄之满洲，而蒙古、而汉军。继以镶黄之满、蒙、汉。贯鱼衔尾而进，车树双灯，各有标识。日夕发轫，夜分入后门，至神武门外。候门启，以次下车而入。其车即由神武门夹道出东华门，由崇文门大街至直北街市还，绕入后门而至神武门。计时已在次日巳午之间。选毕者，复以次登车而出，各归其家。虽千百辆车，而井然有序"。这种阅选法系嘉庆年间的额驸丹巴多尔济所定，"人皆称便"。

秀女入宫后，通常被引至专门的地点阅选，如坤宁门、静怡轩、体元殿等。阅选时，秀女五人一排，"立而不跪"。在阅选前，每个秀女都发有两块牌子，一块是随身携带的木牌，上面写着"某某旗、某某官、某某人之女、某某氏"，秀女的上三代，也就是祖父、曾祖父的官职和姓名也都要一一注明（如与后宫某妃嫔有亲戚关系也须声明）。此外，还有一块写有同样内容的绿头牌，这是放在御案上供太后和皇帝查看的。

阅选过程中，如太后或皇帝对哪位秀女有意，便会将她的绿头牌留下，就是"留牌子"，不被看中的就是"撂牌子"。如果某位秀女被"撂牌子"了，就表示她已经落选，可以回家自行婚嫁了。至于那些被"留牌子"的秀女，就要根据安排参加下一次复选，复选程序大体相同。

复选中被选中的秀女，一部分会被留在宫中成为新的嫔妃，另一部分会被指配给皇子、皇孙或近支宗室。按照乾隆朝时的规定，近支宗室指的是"圣祖派衍二十四支宗室"，也就是祖父一辈衍生的子孙为止，以后各代，也都以此为准。当然，也不是所有的近支宗室都能得到指婚。

在一般人看来，皇帝选的妃子，应该都是百里挑一的大美女。对于清宫选秀来说，倒也未必。清朝皇后及妃嫔的册文中，经常可以看到一些好名词，什么"宽仁""温恭""淑慎""孝慈""诞育名门""祥钟华阀"等。可以看出，清宫选秀主要有两条标准：一是品德，二是门第。其中，门第往往更为重要。但凡皇后、皇贵妃，均需要显赫的门第，如康熙元后赫舍里氏来自四大辅政大臣之一的索尼家族，而乾隆元后富察氏出身于大学士马齐家族。

皇帝的嫔妃当然也不能长得太说不过去。不过，就容貌而言，参选的秀女看上去端庄大方更加重要，那些长相太过漂亮妖艳的，反而会被首先排除。因此，清宫选中的秀女多为中上之姿，很少有容貌惊艳的。但凡看了故宫博物院里保存的清宫后妃画像后，多数人可能都会惊呼："喔，原来她们长这样，很一般嘛！"

八旗选秀之外，还有内务府三旗的选秀，主要是为清宫选取宫女而非后妃，所以程序也相对简单。《养吉斋丛录》记载："内务府三旗挑选，亦排车在地安门之沙滩地方。应选女子入神武门，至顺贞门外恭候，有户部司官在彼管理。至时，太监按班引入，每班五人，立而不跪。当意者，留名牌，谓之留牌子。定期复看，复看而不留者，谓之撂牌子。其牌子书某官某人之女，某旗，满洲（蒙古、汉军则书蒙古、汉军）人，年若干岁。"

《宫女谈往录》中则记载说，被选中的内务府秀女在进宫后，"试以绣锦、执帚一切技艺，并观其仪行当否"，即先

郎世宁《乾隆帝后妃嫔图卷》之皇后像

要考察她们的刺绣、洒扫等技能，然后再定去留。那些面容姣好、头脑灵活、手脚麻利的，会被分配到各宫侍候太后、皇后及各妃嫔起居，表现稍差的就会被分配到宫中其他后勤场所。

关于清宫选秀，还有两点需要注意：

一是制度上虽然要求八旗秀女三年一选，内务府秀女一年一选，但实际上也是根据需求而定，并非完全严格遵循。特别在顺治、康熙两朝，因为制度并不完备，所以特例比较多。康熙朝后，清宫选秀也会在年龄和资格等方面多有变动，不一定严格遵照成例。

二是清宫名位分皇后、皇贵妃、贵妃、妃、嫔、贵人、答应、常在八个级别，八旗秀女被选入宫后，起始封号通常在贵人以上，如慈禧太后初始封号为"懿贵人"，光绪皇帝时期的瑾妃、珍妃，初始封号为瑾嫔、珍嫔。至于内务府三旗选出的宫女，如果侥幸得到皇帝宠幸的话，她们的起始封号通常是答应或常在之类的低级名位。这种差别，显然和她们的出身有着直接的关系。

总的来说，清宫中的嫔妃和宫女人数比前朝大大减少，此前"三千佳丽"的盛况不复再有。根据清东陵和清西陵的统计，清朝后妃陵墓人数在170人左右，即便加上遗漏的，也不会超过200人；而清宫宫女人数最多的时候，也就500人不到。到了晚清时期，同治未满二十即驾崩，光绪一生仅一后两妃，因此后妃人数剧减，宫女人数也减少了。

道光帝的后宫升降机

　　都说皇帝有三宫六院七十二嫔妃，"三宫六院"其实说的只是明清时期的后宫，三宫指中宫坤宁宫以及东西各六宫。但说七十二嫔妃，清朝皇帝的后宫就远远没有达到这个规格了。清朝的后宫有多少人呢？

　　大清刚开国时，清太祖努尔哈赤一门心思扑在事业上，难有注意这些细节的时间，所以，他的老婆们只按满族习俗都被叫作"福晋"。第二位皇帝皇太极的重心也在打江山上，除了给心爱的海兰珠在史海捞到了一个宸妃的封号，更多的他才没心思管呢。顺治帝即位后，因为钦慕汉人文化，他将后宫定位跟前代明朝一样，又设置了一连串的品阶，甚至连女官的名字都想好了，可最终也没能定下来。三代过去了，后宫的位分和名额还是相对模糊的。

　　清朝后宫编制完全成型在康熙朝，有皇后1人，皇贵妃1人，贵妃2人，妃4人，嫔6人，贵人、常在、答应之类，没有定数。可以看出，在清代，嫔这个段位是后妃里的分水岭，嫔及其以上段位贵不可言，嫔以下的相对弱势。

　　正常情况下，妃子们基本都是按以上品阶一步一个脚印晋级的，极少有破格跳级的。至于上升的规则，除了皇帝的偏爱，大部分女人都是论资排辈熬出来的，并没有所谓多少年一次晋升这样的盼头。不过，历史上还是有把规矩碾碎的人，她就是鼎鼎大名的董鄂妃。

顺治十三年（1656），18岁的顺治帝遇到了此生挚爱董鄂氏。董鄂氏是满洲正白旗人，父亲鄂硕一直随军南征，因此，小董鄂氏的成长环境几乎都是在人间天堂的苏州和杭州一带。江南水乡孕育了她的温婉柔美，汉族文化也深深影响了她的品性。董鄂氏喜欢研读儒家经典四书和易经，书法上也颇有造诣，一入宫就和十分推崇汉文化的顺治帝气谊相投。两人彼倡此和，松萝共倚。

顺治将董鄂氏封为贤妃，她才刚刚17周岁。过了一个月，顺治帝觉得妃位实在是配不上完美的董鄂妃，于是又以太后的名义将她升为皇贵妃。要不是太后死活不同意，顺治帝还要将皇后宝座从别人屁股底下挪出来，捧给自己心爱的女人。

如此快速地晋升，清朝也并非没有人能够比肩，道光帝的孝全皇后钮祜禄氏，就是另一个奇迹。

孝全皇后和董鄂妃一样，小时候生活在诗意的苏州。当时，苏州是全国手工艺和纺织业发达的大城市，在那成长的大家闺秀，人人都学得一手好刺绣，钮祜禄氏更是其中佼佼者。

钮祜禄氏是通过选秀进入后宫的，14岁那年，她一路过关斩将站到皇帝面前，初封就是嫔位，并得到了"全"的赐号。十全十美，可见道光帝对她很满意。不到一年，全嫔就升为全妃。又一年后，她以16岁的年龄成为清朝的全贵妃。要不是清宫潜规则不会同时设立皇贵妃和皇后，全贵妃就又攀高峰了。后来，前任皇后病逝，道光帝便迅速将全贵妃立为皇贵妃，并且不遵守孝年限，第二年就让她正位中宫了。

这个升级的速度，在后宫里只能算刷新历史记录的传奇故事。

当然，不一样的皇帝，对后宫的恩泽也不一样。像刚确定好制度的康熙，对后妃们的位分把控得就比较严格，很多为他生了孩子的女人，终身都在嫔位上原地踏步。比如顺懿密妃王氏、纯裕勤妃陈氏，别看最终定格是"妃"，这其实是雍正即位后才尊封的。生了一个儿子的就更惨了，很多终身都没封号，如熙嫔陈氏、静嫔石氏、襄嫔高氏、穆嫔陈氏、谨嫔色赫图氏，这些都是雍正、乾隆两代皇帝念在她们活得辛苦，从贵人位分开始尊封，才得到了一个嫔位。就连最受宠的宜妃郭络罗氏，在康熙朝也只是妃位。

比起乾隆亲封了3个皇后、3个皇贵妃、3个贵妃、8个妃的记录，当康熙的妃嫔实在是太难了。而做道光皇帝的女人，那更是难上加难。道光帝用事实告诉你，除了他最宠爱的孝全皇后，后宫里不仅有晋级通道，也有降级之路。

据不完全统计，道光帝一生20多个嫔妃，受到降级处理的多达10多位。

先看另一位钮祜禄氏——祥妃。祥妃14岁通过选秀进入后宫，封为贵人，第二年就升为了祥嫔。第三年，幸运的祥嫔有了身孕，道光帝随即给了她妃位。之后，祥妃为道光生了一位公主，虽然公主只活了不到半岁就夭折，但这并没有影响两人的感情。随后的几年里，祥妃还陆续为道光皇帝生了皇五女寿臧和硕公主以及皇五子惇勤亲王奕誴。按这速度，祥妃估计也能和孝全皇后一样，接着往上攀升，最差也要混个贵妃当当，可谁也没想到，妃位就是她人生的巅峰了。

本以为前途一片光明，结果，不知出于什么原因，从道光十五年（1835）开始，皇帝就突然对她充满了厌恶，不仅不让她参加宫里的各种重大活动，连同她的一双儿女，也受到了冷遇。同时，她的工资待遇也完全达不到妃位标准。直到道光十七年（1837），道光皇帝终于下旨，将她从妃位降为贵人。她所生的儿子奕誴，也被踹去做了三叔惇恪亲王绵恺的儿子。

比祥妃的人生还坎坷的，是钮祜禄氏的成贵妃。成贵妃刚入宫是贵人，起点不算低，但第二年，道光就让她感受到了天威难测，被降为了余常在。在常在位置上待了七八年，才又被封为成贵人。又过了10年，成贵人终于熬资历熬成了成嫔。然而，嫔的待遇还没拿两年，忽然又被贬为贵人。至于原因，也并未见记载。她是靠活得久，经过咸丰、同治、光绪三代帝王的追尊，才得到贵妃之位，享受了贵妃待遇。

佳贵妃郭佳·三姐本来是宫女出身，在孝全皇后的宫里工作，大概是孝全皇后有意提拔，她被封为了佳常在，不到一年，晋升为佳贵人，第三年又顺利晋级成了佳嫔。然而，四年后，不知道什么原因，她被降为了佳贵人。她最后的贵妃之位，也是咸丰和同治两个皇帝追尊的。同样的还有常妃，开始是珍贵人，然后是珍嫔，接着封珍妃。珍妃的册封礼还没进行，就迅速被降为珍嫔，几年后，又让她成了常贵人，常妃之位也是咸丰帝追尊的。

不仅这些高级别的后妃被降级，本来级别就很低的，也可以玩滑滑梯，比如，玲常在降为了尚答应；意常在降为了李答应；还有个琭常在，今天是常在，明天是贵人，后天又是常在了，接下来又变成了那答应；曼常在先降答应，后降为刘官女子，就差没被赶出宫了。

睦答应赫舍里氏的人生也是如此起起伏伏。道光二年（1822）十月她被封睦贵人，十年（1830）十二月升级成睦嫔，嫔位还没坐稳一年，十一年（1831）的九月就降为了初始状态——睦贵人。过了几个月，又被降为睦答应。十二年（1832）四月，又降睦答应为官女子。这位睦官女子最终选择了溺水身亡。

在道光帝被不断升降的嫔妃里，大部分都是未知原因，只有少数几位，可以让我们一探究竟，比如豫嫔尚佳氏。

豫嫔刚入宫的起点是玲常在，这就是她在道光帝一朝的巅峰了，因为，这之后，她就被降位了。

当时，道光帝禁止后妃虐待宫女。好巧不巧，玲常在就是个经常责罚宫女的人，算是撞枪口上了。

玲常在住在延禧宫，也不知道是她的不幸，还是宫女的不幸，她手下一共出了三个叫大妞的宫女，而每一个大妞，都有各自的问题。最开始的一个大妞干活不行，弄污损东西，被责罚了四十大板。第二个大妞是惯偷，偷拿了白丝线一绺，同样也被玲常在责打了四十大板，结果导致两条腿都受了伤；这次教训还没记住，大妞又继续把手伸向了一绺青丝线，最后被玲常在赏了掌嘴，赶出了宫。第三个大妞，也不知道是真的粗手笨脚，还是爱虐待小动物，先后因为"不小心"踩死和踩伤了玲常在养的两只小猫；大妞还有其他"杰作"，不是偷吃东西，就是踢翻了宫里洗手的瓷盆，把瓷漆都碰没了。玲常在也没客气，每次做错事，都对她进行了掌嘴、打板子、打手心等多种责罚。

按我们的理解，这种粗笨的宫女，主子责罚一二，也不为过，但清宫里规定，宫女犯错，都是由首领太监责打，后妃不能动用私刑。所以，玲常在也算是杀敌一千自损八百，在道光正在查虐待宫女的风口浪尖上，被举报了，最终被降为尚答应。她的嫔位，也是后来的皇帝累计尊封的。

还有彤贵妃舒穆鲁氏，她坐过山车的路线如下：彤贵人——彤嫔——彤妃——彤贵妃——彤贵人。她从贵妃贬为贵人，原因让人啼笑皆非。

有一次，内务府的人查到住在咸福宫的太监李得喜的屋子里，竟然有很多看起来不属于他的昂贵物件，内务府二话不说，将李得喜定义成了贼。李得喜大喊冤枉，据实相告，说这些都是主子彤贵妃赏的。于是，物件交由皇帝亲验，道光帝证实这些东西确实是彤贵妃赏的，因为这些东西都是他赐给彤贵妃的。

道光帝本来就是一文钱攥出汗的主儿，好不容易对爱妃大方点，结果她还随手全赏给了太监。于是，盛怒之下的道光将彤贵妃连贬三级，并让她终道光一朝都蹲在这个位子上不动了。她的贵妃之位，也是因为活得久被后来的帝王追尊的。

其实，从彤贵妃身上，我们似乎也可以窥见道光喜欢打击自己枕边人的原因。道光帝虽说富有天下，却是个著名的抠搜鬼。后妃是根据自己的位分拿工资的，如果位分升高了，相应的级别待遇也要跟上，需要皇室私库拿出来奉养的钱就更多了，比如在贵人位分上一天才发6斤猪肉，贵妃则要发9斤，其他的油盐酱醋茶和生活用品，也是随着级别而升降的，对道光帝来说，养老婆的压力实在是有点大。

怎样实现不裁员，却可以节约费用呢？道光帝大概算了一笔经济账，妃降为贵人，贵人降为答应，答应降为官女子，老婆的人数还是那么多，养起来却容易多了。

结合这一点，再看看以上道光帝动不动就把后妃降为贵人或更低级的位分，一切就合情合理了。别看道光帝的后妃列表中，贵妃、妃、嫔这样的高阶后妃也有好几位，可都不是在他当朝得到的位分。在道光一朝，稍高一点的，早都已被他一降到底，也就是说，她们在服侍道光帝的时候，工资待遇都是很低的。

可以说，道光帝就是一个精打细算的皇帝，真是苦了那些辛苦服侍他为他生儿育女的后妃们。

除了道光，其他皇帝对后妃也会有降位处分，但却真性情多了。比如咸丰皇帝的玫嫔徐佳氏是宫女出身，被咸丰看中，封为玫常在，一年后就晋升玫贵人。不过，好日子没过多久，玫贵人就犯错了——虐待宫女，和身边的太监谈笑。咸丰得知后大怒，先把她降为玫常在，这还不解气，没多久又下了一道旨意，将她开除后妃班次，降到了官女子。不过，徐佳氏长得漂亮，让人难以忘怀，虽然被降被罚，一年后，咸丰帝旧情未了，她再度晋封，从常在开始做起，接下来是贵人，然后又怀有身孕，被封为玫嫔，也算是个有福之人。

　　看来，"伴君如伴虎"这句话也不只是对朝臣而言，那些一张床上睡觉的亲密伴侣们，在皇权之下，也经常遭遇闪失，朝不保夕。

清佚名《道光帝喜溢秋庭图》

后妃也穿龙袍？

观看清宫剧时，除了关心剧中角色跌宕起伏的命运，女性观众也很容易把目光聚焦在后妃们的穿着打扮上。首先，我们打开清朝贵族女性的衣柜，围观一下她们那些高端大气上档次的服饰。

在清朝，妃嫔们有四大类衣服可以穿，这些衣服，都有各自匹配的场合。

平时穿的叫常服和便服。常服是一种风格素简的服装，现有的历史文献并没有记载常服的具体服制，不过，清代贵族女性无论哪种服饰，都是从头到脚的一整套"高定"服装，包括帽子、袍子、外褂、下裳、鞋子等所有行头。常服套装长什么样呢？《钦定大清会典》有一段简短的描述："（皇后）常服袍无定色，表衣色用青，织文用龙凤、翟鸟之属。"常服袍子的颜色没有限制，但里面的衣服必须是青色，衣服的下缘一般都绣有图案，比如，皇后的常服绣的是龙凤和翟鸟。

清朝前期，后宫都爱穿常服，如早期的孝庄文皇后、孝昭仁皇后都有常服的画像流传于世。不过，常服的颜色老气，大多是黑、青的深色系，样式简单朴素，像极了老太太们寡居的服饰，所以，等清朝日趋繁华，女性的审美进一步发展，便服就脱颖而出，取代了常服。

便服是最没讲究、最受家居生活欢迎的服饰。便服套装有：便袍、衬衣、氅衣、马褂、坎肩、袄、衫、裤、套裤等。衬衣一开始是作为内衣存在的，所以要套上马褂和坎肩等，光绪帝的瑾妃，也就是后来的端康皇贵妃，现存的照片中，常有这种穿搭。而我们在清宫剧中常看到的后妃服装，其实都是氅衣，氅衣就是罩在所有衣服外面的。这种穿搭，在传世的后妃画像里也经常能见到，如《孝慎成皇后观莲图》轴，孝全皇后与幼年咸丰的《璇宫春霭图》《玫贵妃春贵人行乐图》，以及末代皇后婉容的画像，就经常是氅衣出镜。

从这些画像中我们可以看到，后妃们便服的颜色其实没太大讲究，除了不准僭越用皇太后、皇后的明黄色，其他颜色可以随便穿。不过，一般情况下，那些弱小可怜又无助，同时又稍带点脑子的低级嫔妃，都不敢跟高级妃嫔们撞色，所以，每天最好穿什么颜色的衣服，也是一门情报学问了。

在清朝，常服、便服只能算是家居服，真正能体现后宫娘娘们贵气的服装，是吉服和朝服这两种礼服。

为什么会有礼服呢？唐朝经学家孔颖达说："中国有礼仪之大，故称夏；有服章之美，谓之华。"作为礼仪之邦，讲礼的仪式感，也体现在着装上。

清朝的吉服是在元旦、冬至或皇帝万寿节（生日）等有仪式感的喜庆日子穿的。不过，并非每个后妃都能拥有吉服套装，在后宫里，只有到了嫔的级别，才有穿戴吉服参加大型礼会的资格。

中高阶妃嫔都有吉服，那么，在大型宴会上靠什么来辨别她们的身份呢？颜色、纹饰的多少、绣字等都是特征。下面，看看各级别后妃吉服套装上都有什么区别。

从上往下看，首先是帽子，又叫吉服冠。吉服冠比较简单，用貂皮做成，帽顶四周是一溜红穗子，叫"朱纬"。不同品阶的人，差别在帽子顶上镶嵌的宝石，嫔、妃用的是碧璽玖，贵妃、皇贵妃、皇后、太后等人则用东珠。

接着是袍子。吉服袍是根据刺绣的纹样命名的。一般满族权贵、夫人的吉服上绣的都是蟒纹，所以又叫蟒袍，皇帝妃嫔的吉服叫龙褂、龙袍。没错，龙袍并不是皇帝的专属衣服，妃嫔的衣服上绣的也是龙。龙和蟒在图形上只有五爪和四爪的区别，但就这一点不同，已经是主子和臣下的天壤之别了。

嫔的龙袍底色是"秋香色"，其实就是暗黄色，光是一身黄，实在是有点土味，所以，在袖口等相连的地方，都用石青色相接，算是调和了一下。嫔的龙袍上绣十五条龙，中间画着五色云彩，旁边再绣有"福寿"等字。龙袍的左右两侧是不缝合的，这样走起路来有衣袂飘飘的感觉。

龙袍外面还要套一件龙褂。龙褂的底色是石青色，在两边肩膀前后各绣一条龙，衣襟上还有四条夔龙。

衣服穿好了，还要挂上朝珠。吉服朝珠有一串珠子，嫔位可用金黄色的绦子串珠子。

嫔上面的几个等级的吉服是什么样的呢？其实还是原来的配方，只是在此基础上做做加法，珠子和绣的龙纹加量，颜色则改用更高贵的色调。妃的帽子和嫔一样,龙袍的颜色是金黄色,龙褂底色还是石青,绣的都是五爪金龙,下面画一些水纹波动的图案,叫"八宝立水"。

贵妃、皇贵妃、皇后的行装也只有细微变化。贵妃的龙袍和串珠子的垂绦用金黄色,皇贵妃和皇后则用大清最高贵的明黄色,帽子上的珠宝,妃和嫔都用碧璽玒,贵妃、皇贵妃、皇后等人要换上东珠,其他的龙褂、朝珠都和妃位一样。

太后和皇后的龙褂有两套,龙袍有三套。作为帝国最尊贵的女人,她们穿吉服的场面毕竟要多一点,多几套,方便换洗。

吉服就是娘娘们最隆重的衣服了吗?并不是,吉服之外,还有一套穿戴更复杂,没几个小时出不了门的套装——朝服。

朝服一般只有在祭祀和受朝贺等重大典礼时才穿,它和吉服一样,也是升到嫔位才能拥有。一整套朝服包括:朝冠、朝袍、朝褂、朝裙、金约、耳饰、领约、朝珠、采帨等。

朝服套装最华丽的是帽子,又叫东珠朝冠。朝冠一共有三层顶,每一层上面都有一颗东珠和一只金凤凰,华贵无比。红顶上那一圈,更有7只金凤围成圈,难怪有人说皇后是万凰之王。除了这些,帽子上还有很多奢侈装饰,比如,猫睛石、青金石、珊瑚珠等。可以说,这顶帽子,不管是费用还是分量,我们一般人的头颅,根本承受不起。

朝服的隆重还体现在一整套配饰上,奢华程度,让人叹为观止。

从上往下看,"金约",就是脑门上系挂的一个"金刚圈",它的四周也要用东珠和青金石做点缀,到脑袋后用金线绿松石系结，下排再垂几行珍珠，每一行有大珍珠一个，东珠和珍珠八个，末尾还要缀上珊瑚，精致无比。

再看耳饰，清代后宫女性每只耳朵上都得打三个耳洞，所以，妃子们要戴一排耳环，也就是"一耳三钳"。后宫里的耳环有固定的款式，金银打造以外，每支上面镶两颗尊贵的东珠，一副耳环就要消耗12颗东珠。东珠也有品质区别，皇后的耳环上，镶嵌的都是一等东珠，皇贵妃、贵妃二等，妃三等，依次递减，到嫔以下的，就不配戴东珠了。连皇帝的嫡亲女儿固伦公主都只能镶嵌其他珠子。

肩膀上还有一个像翅膀一样的"披领"，用于增加庄重感；脖子上有一圈叫"领约"的珠宝，和金约差不多，上面也是珍珠、东珠、珊瑚、绿松石环绕；然后是朝珠，每人三串，皇后最尊贵，一串是东珠的，两串是珊瑚的，上面还有"佛头、记念、背云、大小坠珠宝杂饰"，皇贵妃、贵妃、妃相同，一串蜜珀，两串珊瑚，只有嫔是珊瑚一串、蜜珀两串。可以说，脖子上的压力，也不比头小。

朝服的衣服是三件套，比吉服多了一条裙子。朝袍、朝褂和吉服一样，绣满了龙和"八宝立水"图案，朝裙冬天是棉制品，夏天则都是纱质面料。

还有一种叫"采帨"的东西，其实是块大手帕，佩戴在胸前，皇后、皇贵妃、贵妃的采帨上面绣"五谷丰登"，妃位绣"云芝瑞草"，嫔不绣东西。采帨上还要缝两个小荷包用来放针线。

想象一下穿着朝服的贵妃们，是何等的仪态万千，那些金

色的凤凰、璀璨的珠宝在阳光下耀眼夺目，熠熠生辉。曹植在
《美女篇》中说："头上金爵钗，腰佩翠琅玕。明珠交玉体，
珊瑚间木难。"连曹植都难以全面描述娘娘们的华贵。

　　为什么清廷在穿衣戴帽上如此讲究呢？封建时代强调尊卑有
别，人有等差，在等级森严的宫廷里，地位的悬殊更需要用细节
的"仪"体现出来，什么人站什么位置，什么地位穿什么衣服，
人们遵循其道，各在其位，各行其是，礼也就在其中了。

孝贤纯皇后像

娘娘们的时尚妆发

在清宫剧中，小主们哪怕躲在自己宫里都是头顶簪花，脚踩花盆底，穿金戴银，华贵无比，可事实上，这些潮流也是随着时间逐渐推移，由俭入奢的。

就拿头发来说，刚开始，后妃们简单地扎成辫子，然后在头顶盘旋一圈，再用青绫或绉纱把盘好的头发全部包起来，朴实无华。

随着清朝经济文化大发展，后妃们开始追逐时尚打扮，于是，盘发包头的上面有了一些凤簪之类的装饰品。

大概在康乾之后，后宫开始流行一种叫"两把头"的发型，它由一种叫"软翅头"的发型发展而来。"软翅头"的梳法比较简单：把头发全部梳好放在头顶，再用红绳分成两把，左右两边对称，垂在脑袋上，像一个八字。这种发型用的都是真头发，所以基本没法佩戴较重的首饰，不然随便走动一下，就成了披头散发的女鬼了。

把垂在脑袋上的头发变硬固定横卧在头顶上，就变成"两把头"了。这种变化，借助的是一种叫"扁方"的饰品。扁方其实就是一块长方形玉块，一端是圆形，一端像卷轴，横叉在头发里，起固定作用，就像汉族男人竖冠用的玉簪。这种发型，像极了固定电话的话筒。在梳两把头的时代，头饰基本都是鲜花，左右各一大朵。乾隆的原配孝贤皇后就喜欢戴通草绒花。

俗话说，头发是女人的第二张脸，古代也有这种认识，那会儿认为，头发乌黑又多，是漂亮的标准之一。所以，两把头也迈开步子，朝变大的方向直奔而去。怎么变大呢？真发量是不可能有那么多的，于是，假发隆重出场。又因为假发的增多，全部堆放在头上，必须借辅助的架子才能固定，于是，在道光年间出现了一种叫"架子头"的发型。据说，这是道光最宠爱的孝全皇后发明的。

架子头的出现，又为后面著名的"大拉翅"奠定了基础。"大拉翅"是很多人对清装的初识，《还珠格格》里的宫廷女眷们便是这种装扮。这是一种用青色绸缎包裹起来的大两把头，中间放朵大红花，旁边再坠一点流苏。不过，在乾隆时期是没有这种头饰的，它其实出现在清朝末年，据说是发量日渐稀少的慈禧发明的。

清朝贵妇们的前额也随着时代的变化日新月异，后妃们对刘海进行了多番潮流改革。一开始，小主们都是光着大脑门，不留刘海，到光绪年间，大概认识到脸型的差别，不管老少都开始折腾起刘海来了。当时流行一刀切的齐刘海，只不过长短不一，有的遮住眉毛，有的遮住眼睛。《宫女谈往录》里描述，慈禧刚入宫那会儿就是这种齐眉刘海。

有了这么多发型，头上的装饰品自然也不能少。勒子、钿花、发簪、步摇、疙瘩针、耳挖勺……一股奢华风迎面吹来。

最奢华的发型莫过于"钿子头"，钿子一开始也是一种固定头发的装饰品，后来才逐渐发展成缀满点翠、金花、珠宝的"大盘子"。钿子上的花饰大多含有吉祥如意、多子多福的寓意，比如卐寿、如意、仙鹤、蝴蝶、祥云、石榴等。每一个堆金叠玉的钿子，都集合了巧匠们数十种传统手工艺和长年累月的心血。钿子发展到后期，像两把头一样加大，甚至成了头上的障碍物。

弄好发型，接下来自然是对脸部的装扮，毕竟脸是一个人的门面。

在爱美的路上，现代女性的所有护肤化妆路数，慈禧早就尝试过，堪称美妆达人。

首先，清洁脸部，慈禧有自己特制的香肥皂。这种香肥皂是专门针对慈禧的肤质研制的，加了中药和香料，洗后不仅香喷喷，还有清洁污垢、保持水润的功效。

其次，脸部护肤不能少，慈禧有一款叫"玉容散"的护肤品，相当于现在的面膜。这是御医们为慈禧精心配制的，里面除了宫廷秘方"八白散"，还添加了白莲蕊、鹰条白、鸽条白等八种药，除了美白，更能去除暗沉，防皱磨皮。它的用法和泥状面膜一样，用水将粉末调和敷在脸上揉搓，然后再用热水洗净即可。据慈禧身边的高级宫女"德龄公主"书中记载，60岁的慈禧皮肤还如二八佳人一样。

德龄还说，慈禧有一套御用的脸部按摩器，叫"太平车"。太平车由玛瑙玉石等制成，用前头的滚子在脸上来回滚动，可以消除疲劳，促进新陈代谢，延缓衰老，和现在滚轮按摩器原理一模一样。

慈禧还有自己的美白产品——"珠粉"和"石粉"。上完美白粉底，最要紧也最点睛的是唇妆。当时流行的还是点绛唇，自古以来，中国人都喜欢樱桃小口，所以，包括慈禧在内的清朝小主们并不喜欢大红唇，她们通常只涂满上唇，下唇只涂一点中间部位。

画眉一直是古人化妆至为流行和关键的一环，中国古代的眉形多达数十种，有水弯眉、鸳鸯眉、柳叶眉、一字眉、远山眉，等等。最早用来画眉的是一种黑色矿物，被称为"黛"，也叫"石黛"。只有一种原料，当然满足不了女性爱美的需求，后来，由西域传入的青雀头黛，波斯进贡的螺子黛，也都进入了中国女性的梳妆台。螺子黛已经是很成熟的"眉笔"了，用的时候只用蘸水化开就可以。妃嫔们最喜欢用螺子黛轻轻地画成头高尾低的样了，像一弯新月，纤细修长，看起来温柔清婉。

化了这么精致的妆，如果不卸妆，对皮肤的损害就太大了。睡觉前怎么卸妆呢？万能的淘米水就是当时的卸妆水，它为化妆做了最后一道护肤保障。

清佚名《雍正十二美人图》之《抚书低吟》

指尖上的美丽风景

　　女人的美，是需要点缀的。清代娘娘们都喜欢用什么首饰点缀自己呢？发簪、耳环、手镯、戒指，从头到脚，一样也少不了。

　　乾隆十六年（1751），正逢太后六十大寿。乾隆对亲娘那是著名的"以天下养"，在送礼物上，就很能体现这一原则。首先，乾隆规定送礼的数额一定要吉利，所以礼物必须是中国人最推崇的数字九九。不是总共九九，而是"日进寿礼九九"，在生日前几天每天送九九八十一样礼物。

　　礼物得投其所好才能打动人心，那么，乾隆都送了些什么呢？

　　名目种类繁多，包括如意、佛像、冠服、簪饰、书画等，还有很多外国珍品。其中光是簪饰，就足够让人眼花缭乱，有事事如意簪、梅英采胜簪、景福长绵簪、日永琴书簪、日月升恒万寿簪、仁风普扇簪、万年吉庆簪、西池献寿簪、万年嵩祝簪、天保磬宜簪、卿云拥福簪、绿雪含芳簪，等等。

　　由于簪子太多，也无意间给后代增添了麻烦。

　　戊戌变法失败后，慈禧将光绪帝囚禁在南海瀛台。身为皇后，叶赫那拉·静芬，也就是后来的隆裕太后一番精心梳妆打扮后，打算去陪丈夫说话解闷。本来就对皇后没啥好感的光绪，看到她跑来心情更烦躁，还没说两句，光绪就忙不迭地要求她"跪安"。隆裕还想争取一下，结果，见动口无效的光绪决定动手，起身就来推隆裕离开。推急了，不小心碰到隆裕头上的一枚玉簪，摔在地上，碎成几瓣。

隆裕一看，也不痴缠了，眼泪巴巴往下掉，一溜烟跑去找姨妈兼婆婆的慈禧诉苦。原来，这枚发簪是乾隆朝留下来的，被慈禧赏给了隆裕，算是爱新觉罗家的"传家宝"。慈禧听说后，当时没有表示什么，不过，此后光绪的待遇就更惨了，吃喝穿戴供应一应减少，甚至过年的时候，光绪都要自己写对联贴上。

除了发簪，还有前面说过的耳饰，汉女大多一只耳朵穿一个耳洞，而满族传下来的老规矩是一耳三钳。清廷对镶嵌耳环的珠宝也有各种品阶限制，于是后妃们纷纷在耳环上挂上流苏、鲜花等当装饰品。本身就是装饰品的耳环又有自己的装饰品，堪比套娃。有的耳钳上还有各种精细的雕花，材质也换成了玉，真是"头上点羽翠，耳中月明珠"。其他的首饰，像手镯、戒指、扁方，也都一改用金银为主要材质的模式，换成了白玉制品。

乾隆带来的这股奢靡风在后宫扶摇直上，到了咸丰年间，皇帝终于忍无可忍，下了一道禁令，警告皇后和所有妃嫔，让她们去点翠、去流苏，不准戴大红花、不准戴蝴蝶，所有一切都要重回满族的旧样貌。咸丰还让人在各宫都悬挂一份禁令，时时提醒大家。

结果，爱美的女性完全忽视了帝王的权威，禁令的效果微乎其微。咸丰一而再，再而三地下死令，规则细致到头上只许戴几枝花，手上镯子不准多到发出碰撞的响声等。咸丰给了大家五天期限，五天以后，后宫里谁要是头上多插了一枝花，皇后罚钱，妃嫔降位分，宫外的贵妇们如果不听劝导，被发现了还要牢饭伺候。

由奢入俭难，咸丰皇帝这条禁令也只能压制得了一时，慈禧在咸丰皇帝过世后就率先破坏了规则。故宫博物院有一支名为"银镀金嵌珠宝东升簪"的发簪，上面明确记录它的"出生日期"为同治元年（1862）三月三十日，本来，慈禧这会儿正在为咸丰守孝，是不能穿金戴银的，但当年就耐不住头上寂寞了。

《清稗类钞》说，慈禧的那些珠宝首饰都有自己的房间，有的摆在架子上，有的装在箱子里，多到三千箱都装不下。

不仅如此，清朝女性还热衷于美甲。

早在远古时期，姑娘们就从各种植物上提取物质制作指甲油，这项技术到明清更是达到了鼎盛。古代女人穿着保守，不能抛头露面，三寸金莲的脚也不能随便被别人看见，唯一露在外面的，只有一双手。于是，手就这样具备了审美作用，成了男人对女子无限遐想的外在桥梁。文人墨客为此作了不少诗句，从《诗经》的"手如柔荑"，到汉唐的"纤纤擢素手""春葱玉指如兰花"，无不是对女子纤纤素手的赞美。

清朝女性先是把指甲染成各种各样的颜色，然后又发展成蓄长指甲，比如道光朝的名画《喜溢秋庭图》，咸丰朝的《玫贵妃春贵人行乐图》，画中的后妃们都留了很长的指甲。甚至，男性也留长指甲，果亲王允礼像中的果郡王也展现了他修长的手指甲，完全不符合历史上他文武兼备，统管正黄旗、镶红旗、镶蓝旗汉军和镶蓝旗的人物形象。

满手长指甲怎么保护呢，指甲套隆重出场。在那会儿，指甲套还有三个别名，文雅的叫"金驱"，正常的叫"义甲"，土味的叫"护指"。

清代的指甲套至少在嘉庆朝就已经使用，嘉庆时诗人陈裴之在给亡妾紫姬写回忆录的时候说道，紫姬留了数寸长的指甲，如果要干活，她一定要以"金驱"将指甲保护起来。紫姬病重的时候，千叮咛万嘱咐，千万不要把它们弄断了。最后弥留之际，紫姬感叹自己无法与夫婿白头偕老，忍痛把最珍贵的指甲剪了下来，留给丈夫做纪念。

指甲套是什么时候传入宫中的呢？由于缺乏画作和文献记录，现在有史可查的，清宫最早戴上指甲套的是道光帝的孝全皇后，比紫姬晚了几十年。

《清稗类钞》说，慈禧戴的指甲套不讲究对称，右手上有时候戴三根手指，有时候甚至五根全戴，左手则只戴小指和无名指，空出来的几个，是给那些宝石戒指留招展的空间。不过，就现在的画像记录显示，指甲套一般只戴两个，每两个为一副。

慈禧的指甲套大多是三寸长，一般都用纯金和玉打造。因为手指需要透气，指甲套通常都不能密封，而采用镂金工艺。镂金的指甲套上空出许多可装饰空间，于是，金累丝，珐琅制品、镶嵌珠宝、雕龙画凤、篆刻文字等，全都可以用到这方寸之地，有的指甲套上还坠上一些流苏和小锁链、小珠宝，别提多精致了。

果亲王允礼像

后妃们的限量豪华车

1903年，慈禧太后喜提了人生第一辆汽车，并且第一个将汽车开进了故宫兜风。

这辆汽车是时任直隶总督的袁世凯从美国买来孝敬慈禧太后的。其实，袁世凯一共买了17辆，并给汽车进行了加工，15辆漆成红色，送给权贵们，另外两辆漆成大清最尊贵的明黄色，送给慈禧和光绪皇帝。

在慈禧67岁大寿时，袁世凯的这辆明黄色汽车准时送达。据说，这辆车最高时速为每小时19公里，可以乘坐6个人。说是汽车，其实造型和马车看起来没什么区别，车身也是木质结构。不过，这辆车是钢管车架，通过方向盘掌握转向，前后两排座位，司机坐在前面开车，和现在汽车的内部构造一样。关键点在于，驱逐它跑起来的，已经不是吃草的马，而是柴油了。

相传，慈禧第一次乘坐爱车时，为了不让驾驶员跟自己平起平坐，愣是要求司机跪着开。开了一段路后，发现洋车果然快，又说了一句贻笑大方的话："这马车跑这么快，得吃多少草啊？"其实，这恐怕是网友编的段子，在大清西苑铁路修成之后，大约是1903年，慈禧就坐过更先进的火车出游，不至于这么没见识。

　　慈禧生活的年代，已经是工业时代，出行坐汽车、火车不足为奇。如果生活在还没有与国际接轨的时代，清宫后妃出行的时候也有车轿坐吗？

　　答案是有。清代给后妃配备的交通工具，也是晋级到嫔位才能拥有。在车轿方面，嫔位和妃位的配置是一样的，都是2乘轿和1辆车。

　　轿子一叫翟舆，顾名思义，这款轿子必定带有翟鸟纹饰。比如，供人抬的杆子上都镶嵌了金翟，横着的杠杆上也放着一对铁或银的翟鸟，饰品彩缎上面绣的，均是金色的翟鸟。轿身是木头材质，通体漆成了金黄色，轿盖、车帷和坐垫上的丝织也是金黄色的。

　　盖顶是铜做的圆顶，为了彰显贵气，车盖上涂满金漆。这样一顶大轿，总体高七尺，约等于现在的两米多。里面设有四个杜子支撑轿子，杜子高四尺七寸，约近现在的157厘米。这么大的轿子，当然不能是密封式的，它有四面窗户，窗帘是青色的带子。

　　比起轿子高大的体形，轿门就显得有点矮小了，只有二尺六寸，一米不到，人走进去，还要弯腰。里面只有一张座位，高一尺七寸，约60厘米，坐起来比较方便。靠背的设计不太合理，只比椅子高一寸，都不能让人轻松地倚靠。

　　如此庞大的轿子，要多少人才能抬得动呢？它有肩杆四根，还有许多小横杠辅助，杆子上涂满了金漆，总共八人抬。八抬大轿的称呼就是这样来的。

　　轿子二叫仪舆，仪舆整体高度比翟舆矮一尺一寸，圆顶，四面挂满了黄绒带子装饰。仪舆里面也有四根柱子，座位也比翟舆矮，只有50多厘米。靠背的设计没有改动。抬轿的规格比翟舆有所减少，一共两根肩杆，四个轿夫。

　　妃和嫔的车叫仪车，也是木头材质，通体漆成金黄色，圆顶，车盖涂满金漆。车内部由四根柱子支撑，里面漆成了浅红色，坐的垫子上铺的是金黄色的绸缎，周围的装饰品都是金色的翟鸟。车高九尺五寸，大约三米多，是个庞然大物。它由马驱动着车轮行驶，每个车轮直径四尺（约133厘米），车轮里有轮辐18根。这辆大车，只配备一匹马拉。

　　贵妃的车轿和妃嫔基本相似，只有仪舆稍微做了改动，有四根肩杆，八个人抬。

　　位同副后的皇贵妃和皇后在一个档次，她们都有2轿2车。

　　皇贵妃的是翟舆、仪舆、翟车、仪车。多出的翟车，通体漆成更高贵一些的明黄色，总共三米多高，门高一米左右，车外有装饰的地方，摆放的都是金色的翟鸟。内里的座位上面绣的是彩色的翟鸟，而不再是单调的金色。翟车的四根柱子高一米多，车厢两边各开一扇窗户，垂挂青色带子。车轮的直径为173厘米，每个轮子里也有18根轮辐。虽然体积如此庞大，也只配备一匹马。

　　其他的三样，皇贵妃和贵妃的区别，除了皇贵妃座位上绣的是彩色的翟鸟，就只有颜色方面的固定区别了——皇贵妃用明黄，贵妃和妃嫔只能用金黄。

　　作为全天下最尊贵的女人，皇后虽然也是2轿2车，但规格上却要更高一步。除了明黄专属色，皇后的轿子不再用翟鸟做装饰品，而是换成了神鸟凤凰。所以，皇后的轿子又叫凤舆。凤舆最主要的特色就是到处都有金凤的装饰，体现有凤来仪。凤舆的总体高度和贵妃的翟舆一样，一共有八根肩杆，十六人抬。凤舆十分尊贵，皇后每年举行亲蚕礼的时候才乘坐。

同样，皇后的车子也不能叫翟车，而叫凤车。样式、配置与贵妃、皇贵妃的一样。

后宫里最尊贵的自然是太后。太后年纪大了，更需要代步工具，她的轿子和车子又比皇后的高级在哪里呢？

大小规格其实是一样的，不同的是，太后大多生了真龙天子，因此，她们的轿、车上会多绣一些龙的纹样，所以，太后的轿、车又叫龙舆、龙凤车。

崇庆皇太后就有一顶硕大的龙凤金辇，在过六十大寿时，儿子乾隆帝隆重举办寿宴，她便乘坐这顶金辇去畅春园参加了宴会。完毕后，乾隆皇帝恭恭敬敬地送她回宫，这一行的阵仗，非常壮观。整顶轿子上用明黄色的绸缎绣满了寿字，光抬轿子的就有28人之多。后来的每一个整寿，都在畅春园举办宴会，崇庆皇太后每次都乘坐这顶金辇赴宴，因此它得了个"万寿辇"的名称。

虽然清朝前期的后妃都没有坐过汽车，但她们的代步工具一点不比汽车逊色。事实上，汽车除了新鲜、更便利、更高效外，在慢节奏的宫廷里，体验感可能还不如人力抬的轿子。贵妃们不赶时间，坐在轿子里轻摇慢晃，更能体现出高人一等的尊贵感。光是车轿上那些龙飞凤舞的雕饰，就是不可多得的艺

术品，而每一份手工制品，多多少少都有些细微的变化，也就
是说，她们的车子和轿子，都是全天下独一无二的限量款。

清张廷彦《崇庆皇太后万寿庆典图》（局部）

给皇帝看病是怎样一种体验？

　　宫廷医生这个职业在先秦就有了，《周礼·天官冢宰》记载："医师掌医之政令，聚毒药以共医事……疡医掌肿疡、溃疡、金疡、折疡之祝药，刮杀之齐。"那时候，宫廷医生既有皇宫的世代医家，也有从民间征集而来的医术高超者，直到南北朝时期，官方有了培养医学人才的意识，才开始出现零星的官办医学院。隋唐把这个优良传统发扬光大，唐朝时进入官方医学院的学子多达580人。

　　宋朝不仅成立了"太医署""太医局"，还在前人的基础上细分设置了9个相关科室，有大方脉科、小方脉科、疮肿兼折伤科、风科、眼科、产科、口齿兼咽喉科、针灸科、金镞兼书禁科。这种分科的做法，在后世得到了很好的传承。

　　清朝太医院是一个超过百人的大团队。院使相当于太医院的院长，手下有左右两个院判，相当于副院长，然后才是御医，一共13人。太医院里并不是每个成员都可以得到"御医"称呼，"御医"也只是其中一个"职称"。在御医底下，还有内兼首领厅事、吏目、医士、医生等职位。哪些人是真正负责出诊看病的呢？御医、吏目、医士，拿到这三个职称的，就可以做专家大夫了。叫"医生"称呼的，反而是不入流的小职员，管造药配药。

太医院里最高级别也就是五品官，溥仪上位后把各职位提了一级，但两年后清朝就完了，没多少人享受到这轮员工加薪福利。

清朝初创时，太医院本来设了11个科室，分别是大方脉（内科）、小方脉（儿科）、妇人、针灸、眼科、口齿、疮疡、伤寒、咽喉、正骨、痘疹。因为痘疹基本都是小孩得，康熙就把痘疹并入小方脉，咽喉和口齿都是口腔问题，也合为了一个科室，所以一共也是9科。后来，嘉庆帝又把针灸科去掉，正骨科改成蒙古医生。到光绪时，伤寒、妇人都并入了大方脉，成5个科室了。

给皇家当医生是个好工作吗？有人说，太医能接触那些如花似玉、仪态万千的后妃，给各种贵人看病，还有不可计数的赏赐，估计是高福利的职业。

事实并非如此。

首先，太医们的工作其实很辛苦，因为生病这件事完全无法预料，经常有急症，为了让宫廷贵人的身体健康随时有保障，太医们就必须全程在岗，分批次分时段值班。在宫内值班的叫"宫直"，值班地点在御药房和宫外各班房，专给皇帝和妃嫔看病；宫外的叫"六直"，地点在外直房（如畅春园、圆明园）。一开始，"六直"也是等宁寿宫、慈宁宫、乾清宫这些地方传唤，道光帝以后就成了专门给太监、嬷嬷、祭神房女官这些宫廷服务者看病的了。

其次，在清朝，太医基本是终身制，如果生病了可以请假回家休息，但好了以后就必须马上回宫销假，投入工作。如果太医在宫外再从事医疗行业，被朝廷发现，就会受到处罚。

至于说太医的灰色收入多，治好或帮了妃嫔，她们总能大手一挥，一套金银玉器赏赐下来，也不太符合实际。因为，太医根本没这福分拿红包，清朝皇帝是严令禁止太医们私下收受红包的。

乾隆十二年（1747），太医院的大方脉科吏目崔生伟奉旨给某贝子看病，治好后，贝子府给了五十两赏银，崔生伟声称朝廷有禁令不敢接受，并在述职奏章里如实禀告皇帝。乾隆朱批回复说："银子不必收他的，钦此。"乾隆十五年（1750），御医陈止敬也是奉旨为某王爷世子看病，治好后王爷大方地拿出四匹缎、五匹马作为酬谢，太医同样不敢收，也告诉了皇帝。乾隆并不讶异，也没盛赞不收红包是好事，因为，这一切都是创办太医院时就立下的规矩。而且，乾隆认为，作为太医，已经拿了国家俸禄，再拿红包就是贪污了。

还有影视剧中太医与皇帝的女人眉来眼去，暗生情愫，这种可能性就太低了。太医给帝妃们看病，是有一套严格的程序的。想请脉，都得由御药房的太监带领，到了妃嫔居住的地方，也只能隔着各种阻碍物把脉，哪能得见凤颜？而且，太医的一切工作，其实都在皇帝的监管内。如果后宫有人生了病，太医诊断后开了药方，还得说明药性，签上为自己诊断负责的大名，皇帝同意后才能用药。

如果遇到想法多的皇帝，可能还会干涉诊断和用药

的情况。比如，康熙爷就很喜欢干涉太医。康熙五十一年
（1712），正黄旗的四等侍卫生病，太医诊断说是"狂病"，
康熙爷不仅不同意，还给太医定性"非良医也"。太医们无
奈，只好列举患者情况，譬如此人胡言乱语，甚至还有被害妄
想症，经常说有人拿刀砍他等。康熙爷还是不认可，又大骂太
医："此劣等大夫们知道个啥？"有时候，太医开了药，康熙
爷也加以干涉，甚至撇开太医，自己开方。

康熙帝读书像

经常生病的光绪帝也不太认可太医的医术。他觉得，被太医治来治去，病情毫无起色，自己的身体根本就是被耽误了。所以，太医开出的方子，他完全不肯吃。

最后，太医其实还是皇宫里的小白鼠。如果出诊顺利，皇帝同意诊断结果，也认可药方，太医就要和太监一起去取药，并全程监视煎药。煎好的药一般是两份，一份由御医先喝，院判接着，太监最后，没问题的那一份才能给帝后们喝。

如果天不假年，皇帝日落西山，整个太医院都要跟着受罚。同治帝死的时候，慈禧就把当时的左右院判停职观察了。不过，人道主义的皇帝都了解寿命有所终，拿太医停职只是暂时撒个气。

那么，面对生老病死，太医的作用大吗？作用当然是有的。这样的例子，也随处可见。比如，乾隆皇帝的循嫔生病，主要表现为肚子痛，吃了太医开的药后很快就缓解，其他症状第三天也好了。

嘉庆帝的玉贵人病入膏肓，已经到了脉息虚弱无力的地步，整个人抽搐不止。原来，玉贵人一直以来都有痉挛血枯的症状，太医决定抽丝剥茧一步步治疗，先止住了抽搐，然后又针对耗损气血的情况开了其他大补的药，终于"抽搐渐止"，为玉贵人续了大半年的命。

咸丰帝的丽妃有一次"脉息弦滑"，症状是肚子痛，经常腹泻，太医诊断是受了风凉，开了纾解的汤药一贴，第二天病情就有所改善。按时按次遵医嘱吃药三天后，皇贵妃终于"诸症俱好"，药到病除。

　　同时，太医院确实有不少妇科圣手。道光帝的孝全皇后刚入宫那会儿很受宠，第二年升为全妃。道光帝对她爱到了心坎里，当年就让她怀了小宝宝，可惜，大概因为太年轻，没什么经验，身体也没完全长好，全妃经常肚子痛，有先兆流产的迹象。当时的御医张永清等人提了十二分精神给这位新贵调理，她吃完药后，第三天太医再来把脉，症状就缓解了很多。不过，让人忍俊不禁的是，当时太医开的药必须用老酒和童便兑了服用，等于说，太医竟然让尊贵的全妃娘娘喝尿。

　　虽然全妃这胎最终还是没能保住，不过，第二年她就再一次怀孕，并平安产下了一位公主，当年又晋升贵妃，打破了大清纪录。现代医学说，通常女人第一次流产，后面的孩子留不住的概率也会大幅度增加，而全妃得以顺利生产，并在后面又陆续生了一双儿女，包括后来的咸丰帝，其中必然也有太医们悉心调理的功劳。

　　道光的另一位皇后——孝静皇后，几乎和孝全皇后走了完全相同的路，同样低龄怀孕，同样先兆流产，第二胎生下来没多久就夭折，但经过太医的调护，孝静皇后还是顺利留住了一儿一女，女儿破格封了固伦公主，男孩就是晚清著名的恭亲王奕䜣。

　　除了看病，清宫夏天的消暑工作，也是太医负责的。他们要负责制作消暑汤给大家喝，还要在炎热夏季为食欲不佳的娘娘们调理胃口，必得让她们看起来面色红润，不至于因为吃不下饭，以致气色不好，身体乏力。有时候，面对娇气吃不得苦药的后妃，太医还得搞创新，制作各种点心，再把药物捣碎添加进去，变成食疗。

　　清代的太医还是个多功能的职业，慈禧更是充分利用太医，让他们展现十八般武艺，比如喊过来朗读《论语》给自己听。正月十五猜灯谜的时候，慈禧也要太医院出谜语，结果，太医院出了个"踏雪寻梅"，谜底为"款冬花"，慈禧看了赞不绝口。

第三辑

人情与世故

尊师重道：雍正不让师傅跪拜皇子

　　尊师重教是中华民族的优良传统，在古代礼仪中，尊敬师长的礼仪比比皆是。比如坐席，师长应该居尊位、坐中席；比如宴饮，师长应该先举筷、先进食；比如谈话，对师长应该恭敬有礼，不可直呼其名。

　　尊师重教不仅体现在民间，宫廷中也同样如此。比如清朝皇子对待师傅就十分有礼。在传统王朝中，皇权至高无上，皇帝凛然不可侵犯，除皇太后外，任何人见皇帝都得行三叩九拜大礼。作为皇帝的至亲骨肉，皇子也同样具有极高的地位。

　　清朝规定，大小臣工叩见王公时，必须行单膝下跪之礼；见皇子的话，就得行双膝叩拜之礼。由此可见，皇子的地位虽然低于皇帝，但高于王公。不过，凡事都有例外，清朝时也有一个特别的规定，那就是：上书房师傅见皇子时，拱手即可，不必下跪。

　　上书房师傅和皇子的行礼事宜，来自雍正皇帝的硬性规定。雍正元年（1723）正月，弘历等皇子预备入学，雍正对内务府官员特别交代，其中明确指出：各位皇子入学之日，须给师傅准备机子四张、高桌四张，将书籍、笔砚等安设桌上。皇子行礼时，尔等应力劝其受礼。如不肯受，皇子可向座一揖，以师儒之礼相敬。

果然，弘历兄弟在懋勤殿向张廷玉、徐元梦等四位师傅行礼时，张廷玉等慌忙推辞不敢受，但内侍总管在旁传上谕："皇子见师傅，当礼拜。"张廷玉等四人这才立而受礼，相互行作揖礼而罢。此后，上书房师傅不跪皇子、相互行作揖礼，即成为惯例。

多年后，乾隆在御制诗中提及此事："皇考选朝臣，授业我兄弟。四人皆宿儒，徐朱及张嵇。设席懋勤殿，命行拜师礼。"乾隆诗中的"徐朱及张嵇"，指的是徐元梦、朱轼、张廷玉和嵇曾筠四位师傅。诗下，乾隆还有自注，大意是：我朝成例，皇子初见师傅时，彼此行长揖礼，以表示对授业恩师的尊重。

雍正规定上书房师傅不跪皇子，是希望皇子明白尊师的礼仪和其中的道理。这样的话，师傅也能在皇子教育上尽心尽力。否则，师傅见了皇子还得下跪，如何为师，又如何严格要求呢？

雍正强调对上书房师傅的礼遇，也可能与他当皇子时的见闻有关。康熙朝皇子的师傅，先后有张英、熊赐履、李光地、徐元梦、顾八代、法海等人，这些人都是满汉宿儒，大部分是进士出身，入过内阁、做过侍读学士等。康熙为皇子选择师傅的标准十分严格，既要品行端方，又要学问优长，二者兼备，缺一不可。话虽如此，康熙有时候对皇子师傅也不够尊敬，甚至有践踏老师威信和尊严的举动。

雍正帝读书像

　　太子胤礽读书时，师傅达哈塔、汤斌和耿介因为年纪大、天气热，早上起得太早，站的时间又过长，以致体力不支，几乎坚持不住，但胤礽依旧视而不见。而且，太子背书时，师傅还得先下跪捧接书本，背完后才能退回原处。

　　有一次，师傅耿介突然晕倒在地。康熙得知后，非但没有责备太子，反而怪到师傅头上，说："向来讲书，尔等皆坐。应坐应立，宜自言之。尔等侍立，朕焉得知？……皇太子欲赐座，未奉朕谕，岂敢自主？"

康熙二十五年（1686）四月，康熙在瀛台教皇子们射箭，师傅徐元梦陪侍在旁，因为拉不开强弓，被康熙讽刺责问。徐元梦不过为自己辩解了两句，康熙因此非常生气，竟然当着皇子们的面让侍卫把徐元梦打得半死，随后还下令将徐元梦革职抄家。

徐元梦倒霉还不止这一次。康熙四十六年（1707）正月，康熙正在南巡途中，他在三阿哥胤祉的请安帖上批示："这次随我南下的几个小阿哥，文章生疏，经义不通，这都是徐元梦没有尽心教诲所致。将徐元梦革职，并当着全体阿哥的面，由乾清门侍卫打三十大板！"

康熙也许不会想到，自己在皇子们面前对师傅大打出手，会给他们留下怎样恶劣的印象。就这点而言，雍正比康熙要强多了。其实大道理不须多讲，试想一个连老师都不尊重的人，怎么能指望他去尊重其他人呢？

格格和公主有什么区别？

格格在满语里的意思是"小姐"，其实在清初，这是个很普遍的称呼，清太祖努尔哈赤的女儿们，都是"格格"，清初很多没有封号的妃嫔，甚至亲王们的低级妾室，也都是以"格格"称呼。直到清太宗皇太极即位，才对皇室贵胄的女儿们的称呼做了些制度性改变。

首先，为了体现九五之尊的高高在上，皇帝的女儿不能再称格格了，照抄前代作业，皇帝的女儿们也要叫公主。其次，在都是公主的前提下，清代尤其重视嫡庶之分，皇太极规定，在公主的尊号前面，就要体现出她们身份的不同。中宫皇后所生的女儿，统一称为"固伦公主"，其他妃、嫔等妾室所出，或者一些荣获特殊恩宠被养育在宫中的亲王之女，则称为"和硕公主"。"固伦"在满语里是"天下""国家"的意思，"和硕"则是"地方""地域"，也就是说，"固伦"与"和硕"，一个是中央，一个是地方，身份差距明显。

皇帝的女儿不再是格格了，那么，格格属于哪些群体呢？"格格"被降级，限定成了皇室宗亲的女儿们的称呼。

到顺治帝的时候，又将格格分成了五个等级，这是根据清代男性宗室的爵位来匹配划分的。皇帝以下最尊贵的是亲王，亲王的女儿，就叫"和硕格格"，意思为地方上的格格。亲王之后是郡王或亲王的接班人——世子，他们的女儿叫"多罗格格"。"多罗"在满语中有"礼""道"的意思，是个美称。郡王之下是贝勒，贝勒的女儿也叫"多罗格格"。这是因为，清代的郡王和贝勒，封号均为"多罗"。比贝勒更低级的，是贝子，贝子的女儿被称为"固山格格"，因为她们爹的爵位也是"固山贝子"，"固山"在满语里是某个旗。贝子下面，还有哪些男性皇室成员呢？入八分镇国公、辅国公和未入八分的镇国公、辅国公等。

"入八分"原本是清代分战利品的一种模式，清朝初期，将战利品分为八份，有资格分蛋糕的贵族，就是"入八分"的人。后来，这些人形成了固定贵族，被称为"入八分公"，公是西周汉唐以来爵位里的公爵。"入八分"的镇国公和辅国公的女儿，也有资格被称为格格，不过她们不享有封号。而"未入八分"爵位的女儿们，比这又降一级，她们不叫格格，只被叫"宗女"。宗是同宗的意思，仅仅表现大家还是亲戚。

和男人拥有爵位一样，格格们也都有自己的爵位，虽然清朝不再裂土分封给女眷们，但是，爵位还是可以用来区分身份贵贱的。不同的爵位享受的福利也不同，比如，格格们正式场合朝见的衣着冠饰，以及日常生活分到几两肉钱，都是按爵位高低分配的。

和硕格格的爵位是郡主，放在汉朝，郡主可以得到一个郡的税收供养自己，称为"食邑"。不过，清代的和硕格格们只能享受同等比例的福利了，没了实际收税的城邑，所以，她们享受到的待遇又叫"食俸"，顾名思义，这是一笔供养吃喝的俸禄。世子和郡王家的多罗格格是县主，同上，县主原本享有一个县的税收，而在清代，她们则按县的税收折算成食俸。虽然清代的行政区划早已实施行省制，但封爵还是照搬了郡县制的模板。贝勒家的多罗格格爵位是郡君，"郡君"也是汉代女子的爵位，通常封给皇帝的奶妈、外婆，皇后的母亲等。比如，汉武帝的外祖母就被封为平原君，"平原"在当时是一个郡。固山格格又降一级，爵位为县君；入八分镇国公、辅国公家的格格，按行政区划又缩一级，为乡君，她们的"食俸"也依次递减。

虽说制度上明确了从谁的肚子里出来，就决定了各种身份等差，但是，历来打破规矩，破格获得特殊荣宠的人，也比比皆是。身为皇太极妾室的庄妃（后来的孝庄皇后）的三个闺女，老四、老五、老七，按规定本来只能封为"和硕公主"，但她们也都获得了"固伦公主"的封号。五公主11周岁时，就被许配给了蒙古巴林部，为了给足双方颜面，顺治帝将五妹封为固伦长公主，后来称"固伦淑慧长公主"；七公主许配给了蒙古扎鲁特部，所以也得到了"固伦淑哲公主"的封号。比起两个妹妹，四公主应该是本身就更受宠，她从出生起，就被封为固伦公主，称"固伦雍穆长公主"，后来嫁给了她表哥弼尔塔哈尔。

皇太极另一妾室懿靖大贵妃博尔济吉特氏·娜木钟所生的十一女，也被封为"固伦端顺长公主"。她的受封，可能与母亲受宠有关。

亲王之女从格格升为公主的也不胜枚举。她们大多从小被带入宫廷，由后宫娘娘们抚养，顺理成章的，也就被当作妃嫔的义女，得到公主的封号。顺治帝就经常把宗亲的女儿收到宫里抚养，一是为了彰显皇家的恩宠，二是因为他的女儿不多，为了将来与蒙古诸部联姻做打算。顺治亲哥哥承泽裕亲王硕塞的次女，按规矩只能叫"和硕格格"，但她从小就被带到宫里，又是放在董鄂妃的名下收养，就被破格封为"和硕和顺公主"；安亲王岳乐的次女嫁给了三藩之一的靖南王耿仲明之孙，也被封为"和硕柔嘉公主"。

顺治堂哥简纯亲王济度的嫡次女，一开始就打破祖制封了和硕公主，在雍正朝，因为年纪太大，加上她夫家是蒙古势力中比较强盛的一部，雍正还给这个堂姑妈加封了固伦公主的封号，称"固伦端敏公主"，等于连升了两级。

像这样获得高出自己本身待遇的公主，在清朝后宫也是遍地开花的。因此，如果一个格格始终是格格，那只能证明，她娘家普通，自己普通，夫家更普通。

和大人的敛财之道

作为乾隆朝的大贪官、大奸臣，和珅在清朝历史上可谓大名鼎鼎。尤其在电视剧《铁齿铜牙纪晓岚》热播后，和大人的形象更是深入人心，几乎无人不知、无人不晓。

后人或许会奇怪，以乾隆的精明老练，他为何会被一个小自己快四十岁的臣属愚弄而不觉其奸？这实在让人匪夷所思。

说来也不奇怪，乾隆与和珅，这两位都是有本事有能耐的人，他俩在官场上的配合，简直是天衣无缝，所谓"哼不离哈、哈不离哼"，和珅离不开乾隆，乾隆也离不开和珅。客观说，和珅善于做事也确实能办事，而他最大的本事，莫过于懂得如何做人。

众所周知，乾隆皇帝一向好大喜功，他统治的前期国力强盛、国库充裕，但中期以后，由于不断穷兵黩武、穷奢极欲，国库日渐被掏空。乾隆急需一个善于理财又能广开财路的人，而这个人不是别人，正是和珅和大人。换句话说，和珅是乾隆晚年的财政大管家，而他们的关系，主要体现在一个"钱"字上。

在不动用国库的前提下，和珅通过整顿内务府和崇文门税关等机构挤出了大量钱财，硬是把乾隆服侍得舒舒服服。因此，在乾隆的眼里，和珅确实是聪明干练之才，绝不是那种只会溜须拍马的庸碌无能之辈。尤其在乾隆过大寿时，作为大典的操办人，和珅总能不露声色地暗示内外大臣大事捐献，把庆典办得风风光光；而另一方面，和珅自己又落得大笔的好处。

乾隆五十五年（1790），和珅创立"议罪银"制度。假如有官员犯了罪，可以通过交纳相当的罚款来减免刑罚，所收的银两收入内务府库，供乾隆皇帝单独使用。和珅这一做法，就是借着犯罪官员的手，变着法子给乾隆解决个人财政危机。

乾隆朝后期，尽管国势日衰，但在和珅的百般操持下，乾隆的晚年算是过得既舒坦又舒心。作为一个招财进宝的老手、能手，和珅把老皇帝哄开心了，他也就一路飞黄腾达，同时为自己大肆敛财打开了方便之门。

据统计，和珅一生中担任或兼任过十几个重要职位，如文华殿大学士、领班军机大臣、吏部尚书、户部尚书、刑部尚书、理藩院尚书、翰林院掌院学士、内务府总管、领侍卫内大臣、步军统领，等等。这些职位，无一不是要职，也无一不是招权纳贿的利器。

《啸亭杂录》里说，和珅当权之时，每个来京城的外任官员都争着以谒见和相为荣。有一次，山东历城县令进京，他也想求见和珅一面，以便回去后向同僚夸耀。但是，县令的职位实在太低，和珅不可能会接见他，于是这个县太爷就用两千两银子买通了和珅府上的管家。等到和珅回府时，这位县令赶紧上前跪拜，递上手版求见。和珅在轿子里瞅了手版一眼，便一把扔了出来，说："嘻，县令算个什么东西，竟也来叩见？"结果，历城县令连和珅长什么样都没看清，就被赶出了和府。

区区一个县令，和珅当然不放在眼里。就算贵为总督、巡抚，也照样被和珅玩弄于股掌之间。乾隆四十六年（1781），甘肃"冒赈案"事发，乾隆指示严查，涉案的地方官急得像热锅上的蚂蚁一般，纷纷派人来京城找门路。当时有官员给和珅送了一份大礼，和珅却百般推托，就是不肯收下。这下，可把这官员给急坏了，他是千求万求甚至不惜下跪求和珅把银票收下，这才让和珅答应帮忙。

清朝官场上，下级官员给上司送礼万不可少，地方官给京官送礼更是约定俗成。事实上，当时送礼已经形成定规，什么时候送、送什么官、数目多少，都有不成文的规定。比如，按当时的规矩，下级一年中最起码要给上司送四个节礼——端午、中秋、新年和上司的生日，这叫"四节"。四节之外，还有表礼；表礼之外，又有土仪；土仪之外，又供时鲜。此外，还有门包、孝敬等名目。

至于地方上，还得给中央衙门准备部费。部费之外，还有外任官员对京官的馈送，即所谓"冰敬、炭敬、别敬"。当时官场送礼的做法，通常将银票装入一做工考究的信封，上面并不直接写礼金数目，而是有其他暗语，如"梅花八韵"即银票八两，"四十贤人"即银四十两，"大衍""耳顺"即五十两、六十两，"百寿图一轴"即一百两，"双柏图一座"就是二百两，"秦关一座"为一百二十两，"毛诗一部"为三百两。至于三百两以上，那就是非常之赠了。据说，如学生位至督抚而座师为军机大臣者，炭敬须送"孟津一渡"，也就是八百两的大礼。

如此暗语，雅则雅矣，但只有官场中人才能知晓。至于和珅和大人，他在官场摸爬滚打几十年，深谙此道！

地方官给京官送礼也不难理解。毕竟，"朝中有人好做官"，京城里要是没个耳目和靠山，头顶上的这项官帽恐怕也不牢靠。再说了，京官身居高位，信息灵敏，地方官想要保官升官，就难免有求于京官。这时，地方官就得掏出真金白银给京官送钱送礼。否则，就算你是督抚大员，京官也同样能给你使绊子。

京官队伍数量庞大，有些收的是薄礼，有些收的是厚礼，而接受送礼最多的，莫过于那些有权有势的大官僚。作为乾隆朝最大的宠臣、权臣，和珅自然成为众多官员巴结讨好的对象。对于和府来说，收钱收礼的事几乎是家常便饭，每天都有。作为聪明人的和珅，他有别于其他贪官的地方就在于，他不但不会主动索贿，而且让那些送礼的人觉得是自己巴着求着，和大人才肯勉强收下，这吃相算是很好看了。

然而，和珅可不是高风亮节，更不是不喜欢银子。相反，和珅简直就是爱财如命，他之所以故作姿态、不肯明收，主要还是怕树大招风，落人把柄。正因为如此，和珅又发明了重要的一招，那就是以收取古董字画的名义来收受贿赂。

为此，和珅故意对外放出风声，说自己一向喜好文化、酷爱收藏，风雅得很，钱这种俗物呢，还是不要送为好。和珅这么一暗示，那些给和府送礼的就不便拿着银子银票来了，而改成了古董字画、奇珍异宝之类。对于这些东西，一般有两个去向，一种是和珅喜欢的，他就留下珍藏，以待升值；另一种是他认为不值得收藏的，那就送到古玩店变现。需要指出的是，这古玩店，其实也是和珅自己开的，前来买古玩字画的，也正是那些送礼的官员。换句话说，这些送礼的官员，转头又把自己送出去的东西买回来了，而花出去的钱，可是一分不少地落入了和珅的腰包。这种手段，其实就是清朝官场上贿赂与洗钱的一种方式。

事实上，这种方法绝不是和珅的发明，在他之前与之后，类似的事可谓屡见不鲜。

譬如，明朝权臣严嵩好下棋，据说他曾收受玉围棋、金银象棋数百副，而张择端的《清明上河图》、吴道子的《南岳图》、王维的《圆光小景》，还有宋徽宗的《秋鹰》、宋高宗的《题王仲珪梅》、苏东坡的《墨竹图》等，都曾是他的藏品。他的抄家物资中，最多的就是名人字画。

再如近代"红顶商人"胡雪岩，他同样通过古董商人充当中间人，以联络需要受贿的对象。据说，光绪七年（1881）时，胡雪岩计划向德英洋商借洋银300万两，但此举须得到户部尚书兼总理衙门大臣宝鋆的支持。胡雪岩打听到宝鋆为人清明而好古董，于是在琉璃厂找了一个可靠的古董商做中间人，让其以3万两银子的价格请求宝鋆"割爱"所藏的唐寅《看泉听风图》。宝鋆听说后，心里明白这画虽然难得，但不可能是这等高价，其中必有蹊跷。这一来一往，双方也就心领神会，于是"君子成人之美"，两笔交易在不动声色间就完成了。

北宋苏轼《墨竹图》

　　除了以上说的开古玩店，和珅还置了大量的田产，并在京城、通州、蓟州等地方开有当铺、银号数十家，甚至和广东十三行乃至英国东印度公司都有商业往来。此外，和珅还开展多种经营，他建了大量房屋收取租金，还投资过砖厂、瓦厂之类实业，由此聚敛了大量财富。和珅倒台后，就连嘉庆皇帝也怒斥他以"首辅大臣与小民争利"，实在是太过寡廉鲜耻！

　　在嘉庆皇帝看来，和珅的贪婪真是胆大妄为，简直没有底线。据说，和珅在做内务府总管时，不但私吞各地进贡的金银财宝，就连皇宫里的珍奇贡品，也敢随意拿取，据为己有。清人笔记《春冰室野乘》里就记载了这样一则奇闻：

广西巡抚孙士毅从越南回来，在宫外等待乾隆接见时，正好碰到和珅在值班。和珅见后便乐呵呵地问他："大人手上捧的什么宝贝啊？"孙士毅说："就一鼻烟壶。"和珅便问他拿过来看，见这鼻烟壶和雀卵一般大小，做工精美，细看乃是一颗明珠雕成。

和珅看了爱不释手，便说："这东西真不错，大人送给我怎么样？"孙士毅大窘，说："昨天我已经上奏了，过会就要呈给皇上，这可怎么办？"和珅见他受窘，便拍拍孙的肩膀说："跟你开个玩笑，那么紧张干吗？"

过了几天，孙士毅又在值庐与和珅碰见了，和珅招手把孙士毅叫过去，说他昨天也得了个鼻烟壶，不知道和前几天送给皇上的相比如何。说完，和珅便从自己袖里拿出一个鼻烟壶给孙士毅看。孙士毅看后大吃一惊，和珅拿的这个，竟与自己送给皇上的几乎没有两样！

孙士毅心想，这大概是皇上赏赐给和珅的，但他查过赏赐记录后发现，并无此事。后来，孙士毅才知道，和珅出入宫廷，见到自己喜欢的东西，往往是直接拿了就走，从不奏明，足见其权势之大。

事实上，就算是阿哥，和珅也照样不放在眼里。某次，七阿哥和十一阿哥在宫中玩耍，不小心把一个碧玉盘打碎。这个碧玉盘有一尺见长，是乾隆最喜欢的摆设之一。七阿哥闯下大祸，吓得直哭，弟弟成亲王还算镇定，说："不如我们去问问和大人吧，也许他有办法。"

于是两人便去求和珅。和珅开始故意装出为难的样子，说："此物岂是人间常有？我有什么办法呢？"七阿哥听后更加害怕，吓得失声痛哭。成亲王比较聪明，他见和珅在旁边乐，知道他有办法，于是把和珅叫到旁边僻静处说了老半天，和珅才答应帮忙，回身跟七阿哥说："你先回去，我回头想想办法。成与不成，我还不知道。不如我们明天在原来放盘的地方见后再说吧。"

第二天，两兄弟赶到那里，和珅已经在那里等了，见两人来后便拿出另一玉盘，比原来那个色泽还要好，而且尺寸要大一点。两兄弟感谢和珅之余，心中却想：和珅这老小子，原来四方进贡之物，上等品都被他拿自己家里去了，稍差的才送进宫！

和珅贪婪，自然奢侈。《焦里堂忆书》里说：吴县有个叫石远梅的人，世代以贩卖珍珠为业，他卖的珍珠都用精美的小匣子装着，里面铺有锦囊蕴裹，珍珠外包有赤金箔，最上等的珍珠往往要卖两万两银子，次等的卖一万两，最差的也要八千两银子。尽管价格奇高，但买的人仍旧络绎不绝。有人问这些人买去干什么，都说买去献给和中堂。原来，和珅每天早上起来，都要服用一颗珍珠，服后便觉得心窍通明，一日之内的事务，都了然于胸，不会忘记。如果珍珠陈旧或者已经穿孔，就失去了效果。正因为珍珠的价格高昂，所以海上采珠之人，冒着生命危险在惊涛骇浪中要去采撷此物。

中国有句古话叫"聪明反被聪明误"，和珅虽然狡黠骄横，但最终有自食其果的那一天。"和珅跌倒，嘉庆吃饱"，和珅辛苦聚敛了几十年，最终不过是给嘉庆做了嫁衣裳！

方言与官话

1898年戊戌变法时，梁启超被光绪皇帝破格接见。但让人没想到的是，梁启超的一口广东话把光绪皇帝听得是云里雾里，皇帝完全不明白他在说什么。

因为这次的接见效果不佳，梁启超事后也就被封了一个六品主事，让康有为和其他维新人士感到十分失望。

那么，梁启超是不是真的因为普通话不过关而受到冷遇呢？据考证，这一说法的来源之一是原礼部主事王照，他在写给《梁启超年谱》编纂者的复信中说："按清朝的规矩，举人被召见后即赐翰林，最差也是个内阁中书。以当时梁启超的名气，大家都认为召见后必有重用，谁知道只赐了个六品顶戴，命办理译书局事务。"

接着，王照对此解释说："据说，这是因为梁启超不会说官话，召对时口音太重，光绪因为听不懂而感到不快，结果就丧失了一次大好的机会。"

为了证明自己的说法，王照还举了几个例子："当时，梁启超的口音确实很重，比如把'孝'字念成'妖'，把'高'字念成'古'，诸如此类，不胜枚举，这都是我亲耳所闻。"

作为当年变法的参与者，王照不但同为戊戌风云人物，而且在变法失败后与梁启超一同逃往日本，朝夕共处过一年多。王照说梁启超不会说官话而且有严重的口音，大概有相当高的可信度。

梁启超是不是因为口音太重而受到光绪的冷遇呢？倒也未必。如果光绪皇帝有心变法，怎么会因为梁启超说一口广东方言，就改变重用此人的初衷？

戊戌年中，康有为也被光绪皇帝接见过一次。据康说，光绪皇帝接见他时，两人相谈甚欢，一谈就是两个小时。对于这个说法，也有人不这么认为，如同一天被接见的刑部主事张元济就说，当时他排在康有为的后面，康进去后，一刻钟左右就出来了，并没有比别人更多。

此外，张元济还记了一笔，说当天被接见的还有慈禧太后身边的红人、大学士荣禄，在等待的过程中，康有为与荣禄大谈变法，荣禄听后却未置可否，究竟是听不懂还是不赞成，这就不知道了。

理论上说，构成语言的三部分即"语音、词汇、语法"中，语音的变化是最快、最灵活也是最影响交际的。试想，在没有统一的语言的情况下，昔日的古人交流有多困难，譬如刘备见了连襟孙权，是不是得带个翻译呢？毕竟，身处江浙的孙权，他能听懂刘备的河北话吗？两人在一块，总不能一直笔谈吧？

非但古人如此，近人也如是。如语言学家周有光和作家沈从文是连襟，周曾对夫人张允和坦白说："沈从文的话我有两成听不懂！"张则骄傲道："我只有一成！"张氏姐妹是安徽人，沈从文是湖南人，周有光是江苏人，教授名媛之间说起话来尚且鸡同鸭讲，那么古代皇帝上朝时，怎么能听得懂南方尤其是两广福建的大臣们在汇报什么？

中国幅员辽阔，口音杂异，如《礼记》所言："五方之民，言语不通，嗜欲不同。"有句俗话叫"十里不同音，百里不同语"，每过一条河，每隔一座山，往往就会产生不同的方言，要不是有统一的汉字书写作保障，那真是没准了。因此，为了维持国家统一、保障政令畅通，历朝历代都有规定的标准音，这就是"正音"。

正音可以说是各朝的普通话或者官话。但正音并非一成不变，而是随着各朝的兴衰不断调整变化的。大体而言，各朝的标准音都是以当时政治中心地带的方言为基础，如先秦的"雅言"、秦汉的"通语"、隋唐的"汉音"，大体以如今陕西关中、河南洛阳一带的方言为基础；宋元以后，仍旧以河南方言为主流；而明清时期则主要以北方官话为基础。

正音虽然有了，但要普及到全国却不是一件容易的事。有研究者认为，最先尝试推广标准音的是明太祖朱元璋。明朝统一天下后，朱元璋令人编纂了一部《洪武正韵》，以统一各地方言。按当时规定，各省官员进京汇报工作时，都必须以《洪武正韵》的发音为准，否则就要被罚俸。

朱元璋试图统一全国语言的想法虽然好，但因为当时要求太高，《洪武正韵》也一直在修改，因此推行的效果十分有限。后来，由于明成祖朱棣迁都北京并改推北方官话，这个难学的《洪武正韵》也就无疾而终了。

清朝入关后，满语成为国语，但每次开会时，满人大臣毕竟人少，因而不得不设置启心郎充当满汉同声传译。与此同时，汉人督抚在书写满文时，也需要任命笔帖式担任这项工作，十分不便。这一状况，一直到康熙年间，因为满人逐渐汉化，汉文重新成为主流，启心郎的设置才逐步取消。

汉文虽然重新回归主流，但各地方言的问题在交流中仍旧存在。据说，在雍正年间就闹了这样一个笑话，广东某地方官向雍正进贡荔枝，雍正见此物十分难得，便问道："这荔枝有核无核啊？"该官员回答说："无核！"雍正听后十分高兴，说："无核那我就吃了啊！"

结果，一颗荔枝进嘴，差点把雍正的牙给硌了。雍正脸色大变，那广东官员吓得脸色苍白，身体抖得跟筛糠一样，连喊"饶命"。有位知情的官员出来替他辩解，说此人乃广东潮汕人，他们把"无"念作"有"，把"有"念作"无"，这实在是口音问题，并非要故意欺瞒皇上。

误会虽然解释清楚了，但雍正心里却记住了这个事。他心想，来京城汇报工作的官员尚且如此，那派到下面的地方官去了各省，口音问题得有多严重？官员要是听不懂方言，如何能办好政务，如何能沟通民情呢？如其所言："朕每引见大小臣工，凡陈奏履历之时，惟有闽广两省之人仍系乡音，不可通晓……赴任他省，又安能宣读训谕，审断词讼，皆历历清楚，使小民共晓乎？"

经过反复思考、权衡利弊后，雍正做了个决定：在全国范围内推广官话，尤其要抓广东、福建两省的典型。据俞正燮《癸巳存稿》之"官话"条记载："雍正六年，奉旨以福建、广东人多不谙官话，着地方官训导，廷臣议以八年为限。举人、生员、贡监、童生不谙官话者，不准送试。"

之后，雍正命令福建、广东两省督抚在各郡县普遍设立正音书院，同时大量聘用能讲标准官话的教官前往任教。按照雍正的要求，今后凡是参加科考的读书人都要学说官话，闽粤两省的童生、秀才、举人们必须在八年内学好官话，否则就不许参加科举考试。

在"科考指挥棒"的作用下，全国上下立刻掀起了学习官话的热潮。据统计，在雍正七年（1729），也就是上谕发布的第二年，福建全省就设立了正音书院112所，而在几年后，广东全省更是达到上千所的规模。

在此期间，不但读书人努力学习官话，就连老百姓也要跟着学习。当时，雍正推广官话的一大举措是，各地宣讲《圣谕广训》时，必须要使用官话，以便老百姓能听得懂、讲得出。由于《圣谕广训》宣讲力度很大，推广官话的效果也十分明显。

雍正的官话运动，或许是先秦以来波及面最广的一次正音行动。应该说，雍正本人颇有远见，推广措施也十分有力，但收效不是十分明显。清末探花商衍鎏就曾评价说："（雍正）初时甚为认真，无如地方官悉视为不急之务。日久皆就颓废，至嘉庆、道光时，福建仅存邵武郡城一所，然亦改科制，广东则更无闻矣。"甚至到辛亥年后，广东高等师范学校（前两广优级师范学堂）还闹出这样的笑话："外省教习以不谙方言，教授不便解职去，自是本校各科教习，悉乡先生矣。"

可惜的是，在雍正驾崩后，乾隆对官话的推广兴趣不大，甚至还不如对满语的重视程度。由于有些读书人的口音确实转不过来，乾隆干脆下令取消闽粤两省的官话学习期限。之后，两省正音书院也慢慢衰退，并最终退出历史舞台。

乾隆取消"官话运动"的理由是，各地方言是客观存在的，多数老百姓既不读书也不做官，强迫他们学习官话意义不大，即使勉力推行，也不过是有名无实。至于那些想做官的读书人，本来就是文学优长，断然不会聱牙诘屈，说话都让人听不懂。

不可否认，推广共同的语言有助于政治的稳定和国家的统一，但官话推广更多的是一种语言的社会运动，而地方方言有着独立于政治之外的自身规律，仅仅依靠政治手段来干预推广是难以达到预期效果的。从这个意义上说，乾隆一方面认识到官话推广的难度，一方面也是在自欺欺人。试想，如果读书人没有方言问题的话，那大概也不会有前面说到的雍正吃荔枝的故事了吧。

当然，对于雍正的官话推广运动也有不同看法，如1867年英国驻北京公使威妥玛在《语言自迩集》中认为："'官话'作为口语媒介，不只是属于官吏和知识阶层，而且属于近五分之四的帝国民众。"由此可见，到19世纪中期，官话在中国已经相当普及，只是南方相对较差而已。

郎世宁《弘历观画图》

当奴才也需要资格

对现代人来说，"奴才"这个词听起来有些刺耳，不是那么中听。早在一百年前，鲁迅先生就说过：在清朝，旗人自称奴才，汉人只能称臣。这不是对汉人特别优待，而是因为汉人有别于满人，地位还在奴才之下。

鲁迅先生的话有些愤激，但也不是没有道理。就像电视剧《康熙王朝》里，从小和康熙一起玩大的"小魏子"魏东亭，他在康熙面前也是一口一个"奴才"。

俗话说得好，"打是亲，骂是爱"，这"奴才"还真不比"臣"低级，反倒是那些称"臣"的汉人，显得生分，好事落不到前头。正所谓"近水楼台先得月"，魏东亭虽然只是个"奴才"，但作为天子近臣，他日后是步步高升，最终做上了两江总督。

在清朝，只有旗人才能称"奴才"，汉人只能称"臣"。大体而言，在乾隆朝以前，"奴才"与"臣"的称呼在奏折中往往并用，其中既有称"奴才"的，也有称"臣"的，有时在同一奏折中，还会出现既称"奴才"又称"臣"的。

直到雍正继位后，"奴才"和"臣"的称谓才开始规范。

从奏折朱批上看，雍正似乎对"奴才"两字不是那么感冒，每次遇到大臣自称"奴才"时，他总是会不厌其烦地将"奴才"两字划掉，改成"臣"，并在旁朱批说："向后写'臣'字得体。"

譬如雍正三年（1725）时，南阳总兵董玉祥在奏折中自称"奴才"，雍正朱批今后称"臣"。接旨后，董玉祥还不嫌啰唆一再表白，称"臣"是"圣主优待臣子的好意，但臣世代沐浴皇恩，得入奴才之列，实属光荣"。由此可见，董士祥在感谢皇帝抬举的同时，也不忘强调自己是汉军旗人的"奴才"出身。

从董玉祥的例子也可以看出，在一些旗人眼中，"奴才"一词非但不丢人，反而是一种"世代从龙"的身份象征。换句话说，能自称"奴才"的，首先得是旗人，而在皇帝面前称"奴才"，或许比称"臣"更能拉近同皇帝的亲近关系。

出于维护"满洲旧俗"的考虑，乾隆继位后没有继续推行雍正的"改奴为臣"政策，而是在乾隆二十三年（1758）对官员称谓作出明确规范：文职汉人官员无论公事、私事，一律称"臣"；文职旗人官员在公事奏折中一律称"臣"，请安、谢恩等私事折中称"奴才"；武职官员，无论满汉，无论品级，也无论公事私事，一概要称"奴才"。

以上三点，指的都是书面奏折中的称谓。至于面见皇上，情况又有些变化，文职汉官仍旧称"臣"，旗人官员和武职官员都是自称"奴才"，而不能称"臣"。

所以，从这个意义上说，和珅自称"奴才"绝不是自轻自贱，而完全是本分所在；而纪晓岚称"臣"也不是自尊自爱，即使他想要自称"奴才"，按规矩也是办不到的，因为他根本没有这个资格！

乾隆朝后，"奴才"与"臣"的称谓基本定制，后世照例遵循不提。直到清末，各项新政改革方兴未艾，满汉官员的称谓问题再次引起关注。宣统二年（1910）正月二十八日，摄政王载沣的弟弟、海军部大臣载洵奏请永远革除"奴才"称谓，理由是满语中的"阿哈"原本是"臣下"的意思，后来被启心郎错误地翻译成了"奴才"，以致后世误用两百多年，并带来很多麻烦。所以，他请朝廷明降谕旨，令各级各类官员在今后陈奏时，一概使用"臣"字，而不准再有"奴才"二字。

这一次，清廷的反应倒是极快，内阁在第二天就发布上谕，要求各官员在今后上奏时，一律称"臣"。"奴才"称谓就此寿终正寝，此后清朝官员无论满汉文武，一律以"臣"自称。可惜的是，官员的称谓虽然文明化了，但此时离清廷的覆亡，也仅剩一年多时间了。

武将坐轿子？重罚！

为了保持军队的生命力，历朝统治者对武将有严格的要求。明朝时，武将哪怕贵为一二品大员，也不能乘轿，甚至在上马时，连助力的小凳子都不许用。到了清朝，要求就更为严格了。

清朝号称以骑射夺天下，靠着这项绝技，八旗铁骑得以席卷天下，并在击败明朝后一统天下。

清朝开国之初，仍旧保留着重武轻文的风气。从王公贵族到普通旗人，甚至那些投靠较早的汉族官员，多数人都善于骑马，乘轿的只是极少数。在此时期，清廷关注的主要是官员乘轿，而且多数出于礼法的要求。

按顺治朝的规定，不同品级的官员，应乘坐规制不同的轿子；如果不愿乘轿而愿骑马，也各听其便。到康熙朝，由于承平日久，各级官员难免沾染享乐之风，多数汉人文官不会骑马，王公贵族不愿骑马，甚至连武将也有弃马乘轿的。

对于汉人官员（尤其是科举出身的文官）不会骑马的情况，康熙还算包容。如清人笔记《啸亭杂录》中说，康熙某次打猎时，突然马失前蹄，差点摔了下来，搞得他十分不快。这时，宠臣高士奇得知后，就故意摔进一个水坑，弄得自己满身是泥，立刻跑到康熙身边。康熙见后问他何以如此狼狈，高士奇假装说："刚才骑马不小心，掉进了水坑！"康熙听后哈哈大笑，说："你们南方人身体弱，不会骑马，你看朕刚才也被马蹶了好几次，但也没摔下来。"这么一对比，康熙的心情一下就变好了许多。

汉人官员大多是文官，不会骑马也无伤大雅。但是，太平的日子过久了，一直被清廷引为国本的八旗也开始文弱化。

鉴于八旗疲弱、武将疲沓的现象，康熙也不能不加以整顿。康熙二十七年（1688），一名坐着轿子上前线的武职官员被人举报，康熙立刻下令将其免职。到雍正、乾隆朝，武将疲沓之风非但没有好转，反而有愈演愈烈之势。为此，清廷连续出台了一系列武将与旗人官员不得乘轿的规定。

雍正四年（1726），雍正发布上谕：近来有些武职官员，竟然只坐轿而不骑马，如此懒惰疲玩之风，真是岂有此理！身为武将，却以骑马为苦，这样怎么去训练士兵？怎么上前线打仗？又怎么对得起自己的职守？今后，武职官员一概不许乘轿，如有不遵，交由总督、巡抚或提督、总兵指名题参。

两年后，雍正再次出台规定：武职官员中，副将、参将、游击、都司、守备等官，如不乘马而擅自违制乘轿，一律革职。当然，雍正时期的规定，主要是针对武职中副将及以下军官，对总兵提督还有旗人官员骑马乘轿之事尚未作出要求。

到乾隆时，对于武职官员和旗人官员骑马乘轿的规定就更加严格了。乾隆五年（1740），对于汉人武官多有乘轿的情况，乾隆再次重申了雍正时期的规定：副将以下至都司守备，但凡发现公然乘轿，甚至有前呼后拥、喧耀街衢情形的，各省督抚提镇务必指名题参，交部议处。

对于旗人日益文弱化的情况，乾隆十分担忧。《啸亭杂录》中说，清朝初入关时，王公大臣无不善于骑射，但承平日久后，勋贵子弟们多因骄逸自安而疏于弓马。乾隆皇帝知道后，力加整顿，凡有骑射不过关的多加折辱，而要参加乡试、会试的，必须先试弓马，合格了才能去赶考。如此一来，勋贵后代们才不敢忘本而勤习骑射。

骑射是清朝立国之本，这是历代清帝都不敢松懈的。乾隆十二年（1747），为了加强旗人武备意识，乾隆下令禁止年轻宗室及旗人武官乘轿。三年后，乾隆又进一步细化了王公贵族与旗人官员骑马坐轿的制度，其中又有以下四项规定：所有旗人武职官员，一律骑马，不得乘轿；所有旗人文职官员，除六十岁以上和身体确实不好的，其他一律骑马，禁止乘轿；一般王公贵族，除辈分高于皇帝和年老者外，原则上也禁止乘轿；有乘轿资格的年轻亲王，除了在特定的礼仪场合需要乘轿外，平时也一律骑马。

为了敦促以上人等遵守规定，乾隆还特别强调：今后若发现有人违规乘轿的，即令御史立刻纠参，如果御史发现而不参奏，一旦事发，就连御史一块治罪。

所谓"上有政策，下有对策"，在乾隆多次发布禁止乘轿的上谕后，有些官员还是不愿骑马——他们改为坐车了。得知这种情况后，乾隆不得不再次发布上谕说：不许乘轿，不是说你们没资格坐轿，也不是不应该坐轿子，而是要保持祖先留下来的传统，如果连骑射的国本都忘记了，那还怎么保卫祖先传下来的基业？

乾隆二十二年（1757），乾隆将禁止乘轿的规定进一步扩大到高级武官身上。此前，各省驻防将军、都统、副都统，还有绿营的提督、总兵，并没有强行规定必须骑马，但这次不行了，按乾隆的新规定，以上高级武官一律骑马、不得乘轿，如果有年老体弱的，必须请旨并经过批准后，才能乘轿。

为了给各级官员做出表率，乾隆自己也是以身作则。乾隆是历史上有名的"马上皇帝"，每次热河围猎，或是南巡路过省城或府治时，乾隆都要弃舟登岸，骑马入城。在众多的南巡御制诗中，"策马""马上"等词语经常出现在乾隆笔下。

乾隆有意在入城时骑马，恐怕也是想让百姓看到皇帝与南巡队伍的精神气，以便万民瞻仰；而且，骑在马上也比坐在龙辇里更容易接近百姓，并对民生有更直接具体的观察。

乾隆南巡时还经常在官员面前表演骑马射箭，他的举动，无疑是想把自己塑造成"马上皇帝"，并以此激励旗人保持祖先善于骑射的优良传统。

乾隆这样做自有道理，因为在乾隆朝，各地八旗驻防已经疲态尽现。如有一次在江宁阅兵时，乾隆发现很多驻防兵丁连弓都拉不开，即使能拉弓，也大多射不中，很多人连靶都射不到。对此，乾隆也曾大失所望地写诗说：

"八旗读书人，假借词林授。然以染汉习，率多忘世旧。问以弓马事，曰我读书秀。及至问文章，曰我旗人胄。两歧失

郎世宁《乾隆皇帝大阅图》

进退，故鲜大成就。"

乾隆之所以对旗人和武官严加要求，就是希望他们能保持骑射的国本，如果这些人连马都不会骑，还怎么去打仗？

清朝也不是绝对禁止武官乘轿，但必须经过特旨允许。乾隆末年，在军前效力多年的海兰察因腿有宿疾，而被赏令乘轿，就属于格外开恩了；嘉庆年间，侍卫丹巴多尔济等因保卫皇帝而受伤，因此被特许乘轿；道光朝时，有官员以"高山峻岭逼仄崎岖，稻田水曲不能乘骑"等特殊情况请旨，道光批示改乘滑竿小轿，以替代骑马。

然而，特许的口子一开，一些贪图安逸的官员就难免找各种借口逃避骑马，寻机乘轿。清廷对于违例乘轿的处罚也是时紧时松，越到后期，处罚就越轻。如此一来，武将公然违制的情况时有发生。如乾隆晚年所宠信的大将军福康安出行时经常乘坐36人抬的大轿，但福大帅这种公然违制的行为，看见的人再多，乾隆也照样装聋作哑；再如晚清时期的湘军以"文臣带兵"为特点，骑马者并不比坐轿的多，如儒将王鑫行兵打仗就一向端坐于轿中，从容指挥。

当然，也有人因为违例乘轿而受到处罚。道光时，福建提督许松年就因为违例乘轿而被革职；光绪朝时，湖广总督张之洞为整饬营伍而参劾手下两位总兵（宜昌镇总兵傅廷臣、郧阳镇总兵邓正峰），理由是两人"公然乘轿，毫无顾忌，旧制新章，一概置之不理"，但是，真到了议罚时，张之洞又说，"姑念相沿旧习，量予从宽"，最后不过是"请旨摘去顶戴、拔去花翎"而已。

客观上说，武将骑马、带兵打仗原是本分，乘轿确实不合适。就像乾隆对八旗武备的重视，很大程度上也是因为他坚信"马上得天下，也必须马上治天下"的道理。在他看来，历朝历代的覆亡，归根结底都是因为失去了军事上的优势。然而，随着时间的推移，八旗最终失去了昔日的骁勇，即便清朝历代皇帝一再警诫，最终也没能改变这一颓败的大趋势。

上朝时官员可以交头接耳吗？

电视剧《雍正王朝》中，大臣们上朝时，太监会在殿门外用响鞭"啪啪啪"抽打三次，声音洪亮，十分威风。响鞭在历史上确实存在，而且是朝会前的礼仪程序之一。

响鞭，又被称为"鸣鞭"或"净鞭"，主要是为了彰显帝王的威严和权势，表明皇帝即将驾到，朝会马上开始，提醒王公大臣安静，准备朝拜。

通常来说，清朝朝会分为三种：第一种是大朝，每逢元旦、万寿节这样的重大庆典，皇帝在太和殿上朝，接受王公大臣的朝贺；第二种是常朝，每月逢五逢十，皇帝御太和殿，基本以礼仪性为主，不太涉及具体朝政的处理；第三种是御门听政，这是皇帝理政最基本的形式，也是最常见的朝会。和大朝、常朝相比，参与御门听政的官员品级要求较高，品级低的不具备参与的资格。

这里主要介绍一下御门听政，看看清朝官员们是如何上朝的。

按《诗经》记载，古人鸡鸣而起，在京为官的话，就要起得更早。为了及时赶上早朝，清朝大臣们三四点钟就得起床，以便清晨六点前赶到午门集合。

待到上朝时分，钟鼓司敲响鼓钟，内监打开宫门，大臣们从午门两侧进至乾清门丹墀外列好队。因为参加朝会的人员品级不同、部门不同，站错了位置可是要被当值的御史纠弹的。

七点左右，皇帝御门升坐，侍卫从丹墀下石栏旁东西排立，起居注官由西阶升至檐下侍立。这时，鸿胪寺官员高唱"入班"，文武官员集体向皇帝行一拜三叩之礼。礼毕，早朝正式开始。

御门听政最主要的内容是"奏事"。按《大清会典》规定，各部院奏事以宗人府为最先，其次为吏部、户部、礼部、兵部、工部、理藩院、都察院、通政司、大理寺，再次为内阁、翰林院、詹事府、九卿会奏和科道官员条陈事宜，这是因为所奏之事多涉及机密，所以放在后面。至于刑部奏事，因为所奏多为人命大案，案情复杂，需要较多时间陈述与审查案情，所以通常放在最末。

相比于随班应卯，出列奏事虽然引人注目，但各部门官员往往以此为难事，因为这不但需要口齿清楚、声音洪亮、反应敏捷，而且必须对本部门事务烂熟于心，在接受皇帝质询时才不至于手忙脚乱、答非所问。

根据政务的繁简情况，朝会时间往往有长有短，但一般在两小时内结束，大概九点退朝。退朝时，鸿胪寺官员会高唱"奏事毕"，向皇帝行礼后，各官员在侍卫的带领下步出宫门，各自回本衙门办事去了。当然，这里说的退朝只是针对一般官员，朝会结束后，皇帝还会将内阁大学士、军机大臣留下开小会。

对于在京为官的大臣们来说，参加朝会是每天上班的第一要务，即便是随班应到，也得小心谨慎对待。值得一提的是，在朝会期间，负责纠察的御史站在高阶上监督各官员，凡是有言语喧哗、轻佻嬉笑、附耳交谈或者仪态不整、步态踉跄者，会被认为藐视皇威、亵渎朝会庄严而记录下来，并在事后以"失仪"的罪名加以惩处。此外，凡缺席、迟到、早退者都属于违纪，历代均有处分条例，清朝也不例外。

由此可知，在京为官虽然比较风光，但在天子威仪下，其实也是战战兢兢，万不敢有所松懈。即使是礼仪性的场合，也是不敢掉以轻心的。

清佚名《万国来朝图》（局部）

八旗是怎么垮掉的?

　　明清鼎革之际,满人夺取天下有很大的运气成分。因为从过程上说,推翻明朝的不是满洲八旗,而是李自成率领的农民起义军。吴三桂投降清军后,在山海关大战时,很可能是一场瘟疫让大顺军丧失了战斗力。清朝取明而代之,很大程度上是一种借势而为的机巧之举。

　　当然,八旗的胜利也不完全是偶然。在李自成、张献忠这些人蜂起时,明军原本占据绝对优势,但因为满洲八旗的不断侵扰,明军主力不得不再三调往关外,并在松锦之战中精锐尽失。此后,明军非但对付不了八旗,就连农民军也打不过了。就在李自成推翻明朝前,八旗已经两次绕过山海关从赤峰突入河北等地,甚至一度包围京城,攻到广渠门外。

　　在清朝崛起的过程中,起到最重要作用的无疑是努尔哈赤一手打造的精锐之师——八旗。

　　八旗骁勇善战并不是没有原因的。满洲人生活在关外,兼有游牧与渔猎部落的性质,他们从小练习骑射,擅长野战,战术能力也很强;满洲人成天风里来雨里去,能吃苦,纪律性强,作战十分勇敢;八旗士兵的装备也很不错,披甲很厚,箭能轻松射透一般的门板；在冷兵器时代，八旗的骑射水准是明军及李自成等流军难以企及的，即便后者兵力是八旗数倍之多也无济于事。从战斗力、执行力、组织能力等各方面来看，满洲八旗堪称当时中国最优秀的军队。

八旗兴起之时，多以骑兵为主，他们同蒙古军队一样，通常采用围歼战术，通过快速奔驰包围对方，骑兵像风一样围绕对方射箭和扎标枪加以歼灭。如果要冲击对方战阵，八旗会用重甲步卒向前冲击，骑射精锐在后面和两边压阵助攻。类似的战斗力和战法，明朝关宁铁骑都很难对付，更不要说李自成、张献忠这种农民军了。

八旗是一种"兵民合一"的军事组织，"兵即是民，民即是兵"，确保了所有适龄男丁可以随时投入战斗，兵员素质也比明军和农民军强出许多。当时有一句话叫"满洲不满万，满万不能战"，意思就是说，八旗兵的规模一旦过万，基本所向披靡，势不可当。当然，这句话有些夸大的成分，但在明末，区区二十万八旗兵就扫荡了大明王朝的百万大军，而且在很短的时间内将李自成、张献忠及南明军队消灭殆尽，终究是不可否认的事实。

靠着八旗这样的军事组织制度，努尔哈赤将满洲部落打造成了一个高效的战争机器。当然，"八旗制"在历史上也不能算是一种全新的事物，"兵民合一"的军事组织一向是北方游牧民族的传统。努尔哈赤在此基础上有所创新，以牛录制为基础建立军队，每300人为一牛录，五牛录为一甲喇，五甲喇为一固山。"固山"就是一个旗。从兵力配置上说，一旗即相当于一军，而作为最基本作战单位的牛录相当于一个骑兵营或步兵营，一个旗由25个牛录组成，中间以甲喇作为连接。

历史上的八旗，究竟是哪八旗呢？答案是正黄、正白、正红、正蓝、镶黄、镶白、镶红、镶蓝八旗。需要指出的是，最开始努尔哈赤创设的只有四旗，就是万历二十九年（1601）创建的正黄旗、正蓝旗、正白旗、正红旗。直到14年后，因为兵力扩张，努尔哈赤在原四旗的基础上增设"镶黄旗、镶蓝旗、镶红旗、镶白旗"，这才成为八旗。

从发展的过程看，最初的八旗主要靠兼并其他满洲部落而来，其中也加入了一些归附而来的蒙古人及汉人。随着领土的不断扩张，被征服的人口越来越多，皇太极继位后，先是组建蒙古八旗，后来又将归顺的汉人编为汉军旗。

同为八旗，满、蒙、汉的数量比例并不一致。以入关后的京师八旗为例：满洲八旗占53%，汉军旗占32%，蒙古八旗占15%。如果算上京师之外的八旗，满洲八旗就要占到60%以上。可以清楚地看出，保证满洲八旗的优势地位，是历代清朝统治者的既定国策之一。相比于汉军旗，蒙古八旗因归顺较早，加上外蒙与清廷的战略结盟关系，蒙古八旗与清廷的关系又要紧密一些。比如清朝前期的皇后及王爷福晋大多出自蒙古部落，满蒙通婚既是惯例，也是一种统治手段。

清朝坐稳江山后，八旗主要分为两类，一为京师八旗，一为驻防八旗。清初至清中期，京师八旗兵力约10万人。从兵种上说，京师八旗设有前锋营、护军营、亲军营、步军营和火器营五种，康熙、乾隆年间，又增设了健锐营、相扑营、虎枪营等特种部队。前锋营主要担任出征任务；护军营担任扈从护卫任务；亲军营是皇帝亲率、由领侍卫内大臣总管的部队；步军营负责京师防守与治安；火器营是配备有鸟枪等火器的特殊军队。

　　驻防八旗兵力通常在10万人左右。根据驻地的重要性，驻防八旗又分为畿辅、东北、西北和其他地区。按《大清会典》，畿辅八旗有25支驻防部队，主要驻扎在京师周围，约14000人；东北八旗有44支驻防部队，约35000人；西北有8支驻防部队，约16000人；其他地区主要为汉人所在区域，驻扎在青州、德州、开封、西安、太原、江宁、杭州、荆州、成都、福州与广州等地，约40000人。

清佚名《平定台湾战图》册之《清音阁凯宴将士》

　　根据区域的战略地位，驻防八旗又分为将军级、副都统级、城守尉级和防守尉级四等。其中将军级的驻防兵额最大，驻防所在地通常设在省会或边境重镇，比如广州、福州等；副都统级的驻防地大多设在重要城镇和战略要地，比如青州、开封等。这些驻防八旗，与60万汉人绿旗兵共同担负内地的军事戍守任务。同样是军队，绿营在地位和待遇上是要低于八旗的。

　　清朝时期，旗人在获得优待的同时，清廷也设立了很多限制条件，比如旗人不准经商务农，除当兵当差外，不准从事其他任何职业。此外，旗人必须居住在满城，不许随意离开驻防地。

　　不可否认，明末满人的胜利确实有"乘人之危"的嫌疑，但八旗入关时兵力不过20万，这说明这支铁骑确有可畏之处。八旗入关时本为强悍之师，清朝历代皇帝也希望旗人聚合成一个特殊的军事集团，以长久保持旗人的勇武精神。但事与愿违，清廷对八旗的"包养"政策最终令旗人成为"不士、不农、不工、不商、不兵、不民"的特殊利益群体。清朝建立数十年后，八旗就开始丧失锐气，他们不再是帝国的军队主力，而仅仅作为征服者的象征存在。

　　到了近代，尽管清廷每年支出的军费高达3000万两白银，八旗与绿营平分秋色。但在很大程度上，八旗、绿营并没有作为主要的作战力量出现，而是作为军费享用者的角色出现。太平天国之后，作为立国之本的八旗实际上成了清廷的负担。如甲午战争时期，包括防军、练军、地方勇营的前线军队约36万人，而兵力大体相当的八旗和绿营却只能在一旁观战。

　　康乾时期，社会长期安定，八旗军队在承平岁月中悠闲度日，久而久之，刀枪入库，任其锈迹斑斑，骑射和战斗等技艺也日益荒废。近代以后，随着热兵器的迅猛发展，这些古老的技艺更成了无用之技。加上职业和驻地的限制，多数旗人变得游手好闲，饱食终日。他们在吃喝玩乐、养鸟唱戏等方面或有建树，但勇猛善战的民族特性却日渐丧失，战斗力也就无从谈起。与其说他们是军队，倒不如说他们是"市井游民"更恰如其分。

　　清廷对满人的优待是一种"甜蜜的桎梏"。发展到最后，所谓"旗人"，即"闲人"也。昔日的八旗铁骑，和两百年前的豪迈之气，也就日复一日在无所事事当中被消磨了。

剃发留辫，全是因为他

清朝男性留辫子，这是人人都知道的。不过，在清朝初年，脑后的辫子并不是重点，把前额的头发剃掉，这才是问题的关键。

剃发留辫，原本是满人的习俗，因为满洲人以骑射打天下，剃去前额头发，将脑后长发扎成辫子，这样骑马搭弓射箭时，就不会因为风吹散头发而妨碍视线。

据记载，满洲八旗发起冲锋时，如果正好迎风、速度又够快，其脑后的小辫"发直如线"，这场面可是相当壮观了。

如果说剃发的初衷是出于军事的目的，那这种做法也不是从满洲人开始。历史上的其他游牧民族，如鲜卑、契丹、女真等也曾剃发留辫，只不过在形式上有些不同罢了。

对于汉人来说，情况就完全不同了。汉人以农耕为主，不像游牧民族那样天天骑马射箭，前额剃发原本就毫无必要。

更重要的是，汉人两千多年来都信奉儒家学说，《孝经》里就明确指出："身体发肤，受之父母，不敢毁伤，孝之始也。"

因此，汉人自古即蓄满发，一辈子不剪也不剃。小孩生下来后，任凭头发自然生长。到了读书年龄，就将头发挽结成髻，叫"束发受书"，而成年人也通常将头发梳理为髻，要么插簪，要么包头，要不就是盘起藏入帽中，这样也就不会显得披头散发了。

清朝以前，汉人认为剃头就是不孝，因而对剃发极为忌讳。对他们来说，头发就跟性命一样，是不能剪也不能剃的。如果非要剪头发，那么就意味着出家当和尚、当尼姑，意味着无父无母，割断了尘世间的一切眷恋。

在古人的观念中，和尚尼姑看破红尘而削发，这个还算情有可原。如果被人无端剃发，就是一种人格侮辱，只有犯了罪的人才会被剃发。

古代的时候，有一种刑罚叫"髡刑"，说白了就是剃掉头发，也就是太史公司马迁说的剔发受辱。很明显，这里的剃发就像刺面一样，是一种羞辱性的惩罚手段。

传说东汉末年，曹操出征南阳时路过一片农田，他下令道："大小将校，凡过麦田，凡有践踏者，并皆斩首。"

士兵们听后纷纷下马，小心翼翼地通过麦田。不巧的是，曹操却因为自己的马受惊而践踏了麦田。曹操拔出剑要自刎，身边的部下连忙阻止他，曹操说："我亲自下的命令，要是不执行，如何取信于三军？"

作为权宜之计，曹操最后决定"割发代首"。现在看来，这不免有些从轻发落，但按当时习惯看，这自惩的力度已经不算小了。

到清朝初年时，汉人"束发而冠"的传统被意外打断了。

原来，八旗入关后，当政的多尔衮宣布清承明制，这就是说，明朝实行什么，清朝就全部继承下来，这样一来方便行政，二来也可以笼络民心。按这个政策，不但明朝的各种制度得以继续沿用，官员和百姓的服制也原封不动，继续保留。按说呢，这事本来挺好，不料前明降臣、官至礼部侍郎的孙之獬孙大人却闹出了一场大风波。

当时，清廷大臣分满汉两班，满汉各半，各站一边。这时，这位孙大人也不知道怎么想的，他为表示自己归顺的忠心，居然学起满人习俗，给自己来了个"剃发易服"，硬往满班里挤。

满人大臣见了孙之獬这副模样，都很不乐意，说："哎，孙大人，你是汉人哪，怎么入我们的班？"

无奈之下，孙之獬只好又回到汉班。汉人大臣们都觉得孙之獬这吃相太难看了，于是纷纷说："孙大人，你这都已经剃发易服了，进我们汉班干什么？"

这样一来，孙之獬左右不是人，被挤在中间进退不得，那场面真是尴尬至极。

受到这般羞辱后，孙之獬气得满脸通红，他扭头就走，回到家立刻向朝廷上疏，其中就有这样几句狠话，说："我朝万象鼎新，而衣冠束发犹存汉旧。这是什么意思？这是陛下从汉人，而不是汉人从陛下啊！"

多尔衮看后，沉吟再三，最后跷起大拇指说："有理！"

于是乎，清廷就下发了一道"剃发令"，大意是："如今天下大定，中外一家，君就是父，民就是子，父子一体，岂能违背？若不统一，终归二心。现令全民剃发，如有违者，绝不轻饶。"

这道"剃发令"，换成最简单的说法就是："留头不留发，留发不留头！"

如此一来，可是大大伤害了汉人的感情。事实上，当时汉人反抗的不是留辫子，因为辫子不过是发型，缠也好绑也罢，本身并不重要；要命的是，剃发就得将前额头发剃去，用当时的俗话来说就是："前面光头小和尚，后面辫子大姑娘！"

什么叫"前面光头小和尚"？就是把前额头发剃净，露出一光秃秃的大瓢，这不但与汉人的习俗大相违背，而且以之前的观念来说，这就像被刺字一样，几乎就是一种失败与耻辱的标志！

然而，清廷要的就是这种归顺的效果。

正所谓，"宁为束发鬼，不作剃头人"。清廷的"剃发令"一出，江南士人个个义愤填膺，视之为奇耻大辱，随后各地纷纷造反，决不从命。

对此，清廷早有预料，满洲铁骑随即大行镇压，江南顿时陷入了一片血雨腥风之中。历史上的"江阴八十一日"，说的就是这事。

有了清兵的武力做后盾，剃头迅速成为新兴行业。剃头师傅们奉旨剃发，摊头旁边竖一旗杆，挂起"剃发令"的醒目布告，旁边还站着一个清兵，只见他雄赳赳气昂昂，腰间挎把弯刀，看到路人没有剃发，就当场抓来剃头，谁敢不从，就砍了谁的脑袋挂在旗杆上。

　　久而久之，汉人剃发也就成了习惯，剃头摊头上也不用挂布告，站岗的清兵也撤了，旗杆上也没了人头，但放旗杆的剃头架倒保留了下来，可以放磨刀石、磨刀布之类。

　　至于"剃发令"的始作俑者孙之獬孙大人，最后也是不得好死。

　　顺治四年（1647），孙之獬回到老家山东淄川休假，没多久赶上"反清义士"造反，他被抓了现行。

　　众人想："好你个混蛋，你出的这馊主意，害死了多少人！今天要不给你点厉害看看，简直对不起列祖列宗啊！"

　　于是，"义士们"用锥子往孙之獬头上钻眼，硬往里栽

清佚名《市景三十六行》之"剃头"

头发，孙之獬痛得哭爹喊娘。由于孙大人的惨叫声过于凄厉，"义士们"又将他的嘴巴缝上，最后竟为了泄恨，把他家祖孙七人统统杀害。

当然，以当时的社会动员能力，要想马上就让全国人民剃发也是一件很难的事。因此，剃发其实也有一个过程。

最开始，主动剃发的是那些读书人，因为他们要赶考求官，不剃发是万万不可能的。在读书人的带动下，先是乡绅，后是普通老百姓，慢慢接受了"前面光头小和尚，后面辫子大姑娘"的新造型。大约到乾隆年间，全国男界上上下下，就都"前秃后辫"了。

不可否认，辫子的发型在审美上终究有重大缺陷，而为了让这造型变得更好看一些，各方专业人士也是动足了脑筋。

首先，走街串巷的剃头师傅们为了提高服务水平，在自己的行业上做足了功夫。客人来了，先烫手巾做热敷，接着动刀修面刮额。手艺高的师傅只须寥寥数刀，客人的胡子脸面、脑门鬓角就立马全干净。前面完事了，后面的辫子还得继续打理。剃头师傅会先将辫子打散，洗头，抹头油，重新扎辫儿，要求就四个字：光亮紧致！

其次，辫子这个大主角，也有很多花样可做。一般人家，可能缠个辫子就算完事，富贵人家可就不一样了，女仆们会在小少爷们的辫梢里续上红丝线，以示喜庆；而那些老爷们，更是要在辫子上装饰珍珠、宝石、金银坠脚，以示富贵；而老年人头发稀了，也会续上假发和黑辫穗儿，辫子才够尺寸。

当然，对于贩夫走卒来说，续辫子、挂吊坠这些就没那么多讲究了。有时候，他们仅仅是剃发修面，辫子也懒得打理。

　　此外，在剃（头）、刮（脸）、梳（发）、编（辫）四项基本技能之外，有些高段位的剃头师傅还会捏、拿、捶、按等按摩术，让客人剃发的同时放松放松。由此可见，辫子虽然不甚雅观，但在理发的各种服务上，清人和今人相比还真差不了太多。

第四辑

年节与习俗

清朝的元旦是正月初一?

大家都知道，公历1月1日是元旦，阴历正月初一是春节。一个是公历的新年第一天，一个是阴历的新年第一天。

我国在民国时才引进公历，之前用的是阴历。元旦节是不是和其他公历节日一样，也是西方的"舶来品"呢?

实际上，元旦作为阴历的大年初一，在民国之前已经沿用了两千多年，是地地道道的"国产货"，也是中国最重要的传统节日。大家都读过王安石的名诗："爆竹声中一岁除，春风送暖入屠苏。千门万户曈曈日，总把新桃换旧符。"这首诗的诗名"元日"，说的就是古代的元旦——大年初一。

一元复始，万象更新。"元旦"的"元"，是"开始"的意思，"旦"是"天明"的意思，"元旦"两个字合起来，就是一年开始的第一天的意思。据记载，"元旦"一词，最早起源于三皇五帝之一的颛顼，距今已有5000多年的历史。在古代，元旦有多种别称，乐府称"元春"，《尚书》称"元日"，也有称"元正""元辰"或"元朔"的。

从汉朝开始，人们就十分重视元旦，节庆活动十分隆重。元旦这天，文武百官要入宫向皇帝进贺新年，就是"元旦大朝会"。在朝会上，不管是皇帝还是大臣，衣着、座次、宴席、奏乐等都有严格的礼仪规定。唐宋以后，向皇帝进贺的群体逐渐拓展至外邦、僧侣道人。这种活动一直延续到明清时期。

以清朝为例，皇帝在元旦这一天非常忙碌，一大早起来，就得到各处祭拜，然后在养心殿行开笔典礼。接着，在乾清宫喝奶茶，在弘德殿吃煮饽饽（即饺子）。稍事休息后，又得去堂子等地拜祭。等到天大亮后，清帝在中和殿接受大臣朝贺，再到太和殿接受王公贵族庆贺。接着，又到乾清宫接受皇后和妃子们的贺礼。等到所有朝拜活动结束后，他才能同皇后、嫔妃们共进早膳，之后还得去寿皇殿等处继续祭祀活动。

在所有祭祀活动结束后，皇帝要和皇子皇孙及各近支王公举行元旦家宴，作为大年初一的最后一项活动。也就在这会儿，皇帝才能吃吃喝喝，放松一下。

和王安石诗里写的一样，清宫在大年初一喝的酒正是屠苏酒，这是一种药酒，具有辟邪疫、去瘟病的功效。皇家过年也吃饺子，只不过元旦这天吃的饺子基本上是素馅。乾隆四十八年（1783）档案记载，乾隆新年吃的第一顿饺子是在正月初一凌晨3点，太监用雕漆飞龙宴盒送来，一共四个，其中两个包着钱。吃到有钱的饺子，就表示一年吉利。据记载，乾隆那天吃了三个饺子，把两个吉祥钱全部吃出来了，剩下一个没有通宝的饺子，被送到了佛堂上供。

说完了清宫，再来看看清朝老百姓是如何过元旦的。由于元旦的前一晚是除夕夜，而除夕夜吃的团圆饭又是一年中最丰盛的，所以，在很多地方，大年初一不做新菜而改吃面食点心之类。北方一般会吃饺子、馄饨，南方会吃年糕、汤团。

清朝百姓也会在大年初一安排一些传统的礼仪活动。一大清早，每家每户都会放鞭炮，等天大亮了，就会去祠堂或在家里向祖先灵位上香、上供品。吃过早饭后，初一的主要活动就是穿戴整齐外出拜年了。说到拜年，大家都不陌生，但拜年在各地其实都有讲究，比如有的地方初一是先给同族拜年，初二才轮到亲戚。

早在宋朝，拜年已经是中国人过年的一大习俗。在以前，拜年又叫"走春"或"探春"，如《东京梦华录》中就记载："正月一日年节，开封府放关扑三日，士庶自早互相庆贺。"明朝人陆容也在《菽园杂记》中写道："京师元日后，上自朝官，下至庶人，往来交错道路者连日，谓之'拜年'。然士庶人各拜其亲友，多出实心，朝官往来，则多泛爱不专。"

《清嘉录》中描写清朝苏州人的拜年习俗："男女以次拜家长毕，主者率卑幼，出谒邻族戚友，或止遣子弟代贺，谓之'拜年'。至有终岁不相接者，此时亦互相往拜于门。门首设籍，书姓氏，号为'门簿'。……薄暮至人家者，谓之'拜夜节'。"这是说大年初一相互拜年应接不暇，因为要拜的人太多，忙不过来，所以让仆人送拜年帖（又称"飞帖"）也是允许的。光绪《顺天府志》则记载说："立春前一日，顺天府于东直门外迎春。……是日互相拜，不问贵贱奔走往来者数日，名曰'贺新年'。"

汉武帝实行夏历后，元旦作为大年初一，一直沿用到清朝末年。辛亥革命后，孙中山在宣布就任临时大总统时，将公历1912年1月1日称为"元旦"。后来，阴历大年初一改称"春节"，阳历1月1日取代了传统的"元旦"称呼，并在后来成为法定假日。不过，无论怎么改，很多传统的风俗习惯仍旧延续了下来，比如贴福、贴春联、吃年夜饭等。

清陈书《岁朝吉祥如意图》

新年第一天，乾隆都忙什么？

春节是一年中最重要的节日，紫禁城里也不例外，而且清宫过春节的规矩可比民间要繁琐多了。

每年腊月十九，清宫就进入过年的状态。从这天起，皇帝在各宫殿出入时，每过一门，太监就放一声炮仗，这样做一来是表示春节的喜气，二来也是为了提醒下一处的工作人员做好各项准备。

除夕这天的中午，保和殿为外藩举行筵宴，一、二品武臣陪宴，外藩给皇帝拜年，有音乐、舞蹈、杂技助兴。之后，皇帝略事休息，即开始除夕守岁。

皇帝的大年初一是怎么过的呢？让我们根据《乾隆朝起居注》《清实录》等史料记载，来看看乾隆四十八年（1783）正月初一这天，乾隆究竟忙了些什么。

这一天，在新年的钟声和宫外的爆竹声中，乾隆于子正一刻十分（0点25分）起床，开始梳洗穿戴。

俗话说得好，"过新年，穿新衣"，新年这天，皇帝也要郑重地换上吉服，这是一套明黄色、通身以金线和彩线绣九条金龙和十二章纹样的龙袍。这件龙袍不仅色彩斑斓、喜庆热

烈，更有寓意国家昌盛、万世升平及皇家子孙绵延不断的吉祥
含义。

皇帝还要在吉服外套衮服，头戴吉冠，胸挂朝珠，腰系服
带，脚蹬皂靴，皇家的华贵与威严扑面而来。

穿戴整齐后，乾隆乘四人抬的亮轿，出吉祥门，去钦安殿
拜真武大帝。钦安殿位于御花园正中，紫禁城南北中轴线上，
供奉的真武大帝是道教中的北方神灵，代表二十八星宿中的北
方七宿，是守护紫禁城免遭火灾的主要神灵。

接着，乾隆去祭拜澄瑞亭的斗母。澄瑞亭是一座斗坛，位
于御花园西北角。斗母是斗坛的主神，是道教中的北斗星神。
随后，乾隆再到天穹宝殿祭拜玉皇大帝，这也是道教中至高无
上的神。

祭拜以上道教神灵后，乾隆回到乾清宫西暖阁稍事休息。
丑正时分（凌晨2点），乾隆出乾清门至奉先殿祭祀，这里供奉
的是清朝皇帝的列祖列宗。

之后，乾隆仍由原路返回，前往养心殿行开笔例典。乾隆
在御案前点燃玉烛，向金瓯永固杯中注入屠苏酒，从红漆雕云
龙盘上拿起万年青管笔，在洒金笺上书写"天下太平""风调
雨顺"等吉祥语。随后，乾隆翻开当年的时宪书，以象征授时
省岁，最后再饮屠苏酒，以示去除瘟疫，强身健体。

开笔仪式后，乾隆从养心殿出吉祥门前往坤宁宫叩头，然
后步行到乾清宫东暖阁供前拈香。接着，乾隆要到乾清宫东庑
祭拜至圣先师孔子和历代先贤，接着又到南庑御药房药王前叩
头焚香。忙到快凌晨3点时，乾隆才回到乾清宫喝奶茶，接着到

弘德殿吃煮饽饽。

和想象中不一样，皇帝新年的头一顿饺子既不是大鱼大肉，也不是山珍海味，而是以干菜为主的素馅饺子，夹以蘑菇、笋丝、长寿菜、金针菜、木耳、面筋等。

等到寅正（凌晨4点）时，乾隆改乘大礼轿出乾清门前往长安左门外的堂子祭祀。堂子是用以祭天的萨满祭祀场所，相当于皇族神庙，非皇族不得进入。

接着，乾隆再往建福宫、重华宫等处拜佛。此时天尚未明，大多数人还在梦乡，皇帝却已经忙乎五六个小时了。

以上这些只是皇帝一个人的小活动，接下来就是集体的大活动了。

明清时期，大年初一、冬至及万寿节（也就是皇帝生日）为"三大节"，按制都要举行朝贺礼仪。这不，乾隆在忙乎的时候，各王公大臣也不清闲，都得在宫外早早候着呢！

等到辰初（7点多）时，乾隆至中和殿升宝座，接受众大臣朝贺。之后，再到太和殿接受诸王、贝勒及蒙古王公的庆贺。接着，乾隆来到乾清宫，接受皇后与诸嫔妃的贺礼，然后到重华宫，接受贵人、常在等的贺礼。稍事休息后，乾隆同皇后、嫔妃们共进早膳。吃完早饭后，还有很多事情等着乾隆去做。

首先，他要出神武门至大高殿叩头，然后在承光殿码头（团城西侧）乘冰上托床至河西码头，入弘仁寺拜佛，再回转至寿皇殿瞻拜先祖御容。

午正（中午12点）时，乾隆在太和殿举行筵宴，同王公百官共贺新春佳节。据记载，太和殿内及殿外丹陛上，一般摆设

210张宴会桌，只有内外王公和一、二品以上的文武大臣才有资格参加太和殿筵宴。太和殿筵宴举行时，王公大臣均穿朝服，并须奏乐，之后是十分繁缛的进茶、进酒、进餐仪式。皇帝与群臣一边吃喝，一边欣赏歌舞音乐。最后，在乐曲声中，群臣行一跪三叩礼，皇帝起身回宫，群臣依次退出。

下午5点左右，太阳西沉，夜幕降临，御膳房送来酒膳，忙碌了一天的乾隆在吃过一点东西后，即撤席休息去了。

大年初一这天，皇帝比一般人可要忙多了！

清佚名《乾隆帝岁朝行乐图》

清宫过端午，粽子管够

　　端午节作为古代三大传统节日之一，非常受民间重视，皇宫也同样如此。

　　话说乾隆皇帝第一次下江南时，江苏吴县有位名叫徐扬的画家向乾隆进献了一本名为《端阳故事图》的精美画册。乾隆收到后爱不释手，徐扬也因此入宫供奉，成为乾隆的御用画家。《端阳故事图》被收入宫中后，乾隆曾多次取出观赏，并在上面钤有"乾隆鉴赏""三希堂精鉴玺""宜子孙"等多方玺印，可见他对这画册的喜爱之情。

　　在古代，端午又被称为端阳。徐扬的《端阳故事图》，画的正是当时端午节的民俗，其中就有吃粽子、挂艾草、观龙舟等场面。端午风俗入画并不鲜见，宫廷画家郎世宁也曾画过一幅《午瑞图》，画面上的青瓷瓶内插着菖蒲叶、石榴花和蜀葵花，托盘里盛有李子和樱桃，几个粽子散落一旁。

　　说起端午，粽子当然是绕不过的话题。乾隆皇帝爱不爱吃粽子呢？虽然没有明确记载，但有一点可以肯定，紫禁城里的端午节，粽子绝对管够。

　　乾隆十八年（1753）端午节的膳单记载，乾隆的膳桌上一摆就是1276个粽子，堆得跟小山一样。其他嫔妃的桌上也都是好几百个粽子。这就是"粽席"。事实上，清宫的端午节并不只限于一天，而是从五月初一开始，直至初六才结束。

据记载，清宫的粽子，用的馅料有豆沙、枣泥、莲蓉、瓜仁，还有玫瑰、桂花及腌制的金橘、青梅、果干等。

为了博得皇帝的欢心，御厨们还绞尽脑汁开发新品种，外形、大小、馅料等，不断在创新，无一不精致。乾隆特意写诗称赞说："粽席蒲觞荐令辰，天中景物一番新！"

包了这么多粽子吃得完吗？当然吃不完。不过，吃不完也不要紧，因为宫里粽子除了吃以外，还要用于祭祀拜神，另外就是赏赐之用。端午节时，乾隆会赏赐文武大臣、太监宫女们大量的粽子，御膳房根本忙不过来。

除了粽子，皇帝在端午节还会有其他赏赐，如赐给妃子绸缎、纱葛、扇子、香饼、香包等物件，大臣们还会收到紫金锭、蟾酥锭、盐水锭等避暑药品。

乾隆五十八年（1793）端午，大学士福康安受赏纱扇等项各一份，御用白玉花囊一件；又受赏奶饼奶皮一匣，端阳节物小荷包一个，扇套一个，香袋八个。嘉庆六年（1801）端午，大臣额勒登保受赏香袋、扇套、荷包等物，又发去香袋一百个分赏给军营兵士。嘉庆十二年（1807）端午，安徽巡抚初彭龄受赏药锭一匣（内有紫金锭、蟾酥锭、盐水锭等）。嘉庆二十四年（1819）端午，闽浙总督董教增受赏药锭一匣。到清末时，汪荣宝日记仍记载受隆裕太后赏赐紫金锭等物。

当然，大臣们向皇帝进贡的东西也不少，如江苏织造李煦向康熙恭进端午龙袍，两广总督李侍尧在端午节向乾隆帝恭进西洋物品，两江、闽浙、湖广等省督抚每年端午都向皇帝进贡茶、扇、香葛等物品。

和民间一样，清宫在端午节时也会挂艾草，后妃、宫女们往往佩戴五毒荷包，或戴五毒簪、艾草簪驱虫避邪。端午节这天，就连乾隆皇帝的穿着打扮也有讲究，他得穿蓝棉纱袍、红青棉纱绣二色金龙褂，朝冠上戴艾草尖，以示吉祥。

清宫中过端午节，最高兴的莫过于那些未成年的阿哥皇孙们了。按清宫规定，皇子皇孙进上书房读书后，一年到头也没有什么假期，也就三大节能休息休息，那端午节可是不能放过啦。如徐扬的《端阳故事图》，第一开画的就是《射粉团》。宫里也会把粽子放在漆盘上，小阿哥、皇孙们用特制的小弓游戏射箭，射中者得食，玩得不亦乐乎。

清徐扬《端阳故事图》之《射粉团》

对皇子皇孙们来说，被恩准观看龙舟竞渡，应该是端午节最开心的事了。一般来说，在端午节前，内务府总管会提前派人到圆明园、西苑等处查验龙舟，有破损者及时修缮，以备节日当天使用。如乾隆三年（1738）三月，内务府总管常明接到报告，称瀛台、三海有5艘龙舟破旧，修补需要备办直径一尺五寸、长六丈五尺至七丈的杉木168根及直径一尺六寸、长一丈四尺至三丈二尺的柏木92根。

雍正在圆明园过端午节时，王公大臣们在四宜堂行过节礼后，即于圆明园湖岸同皇帝一同登上龙舟，由东海至西海竞渡前行。是日，清风徐来，水波荡漾，君臣把酒，吟诗赋词，直至尽兴而归。

乾隆年间，端午节龙舟竞渡通常在圆明园福海内举行。这天，乾隆先陪皇太后到圆明园西的万方安和轩进早膳，然后再前往福海中心岛"蓬岛瑶台"观看赛龙舟。

另据内务府御茶膳房档案记载，乾隆四十五年（1780）五月，恰逢乾隆南巡，端午节前一天，南巡队伍下榻赵北口行宫。端午节当天，乾隆与随行大臣到行宫西边观看赛龙舟，午膳、晚膳均用粽子，并分别赏赐随行王公大臣及随从人等粽子。

除了吃粽子、赛龙舟，清宫中还有一个重大活动就是看大戏。据升平署档案记载，端午演出的剧目主要与时令民俗有关，其中就包括《阐道除邪》《灵符济世》《祛邪应节》《采药降魔》《奉敕除妖》等。

《灵符济世》讲述的故事是：端午节时，一名法术高妙的茅山道士带着灵符向世人布施，见街市上有一游方道士用假符骗人钱财，于是与之斗法，游方道士战败服输。《祛邪应节》则说的是：端阳节时，蛇、蝎子、蜈蚣、蟾与蜥蜴等"五毒"化身为妖魔，为害人间，张天师和吕洞宾招来雷公、电母与之大战，最后把五毒斩杀干净。以上这些，都是顺应时令的剧目。

听戏之外，清宫还会有杂耍表演，如嘉庆皇帝就曾在圆明园里观看过杂耍。一般来说，类似表演都是在下午2点后开戏，中间传一顿晚膳，至下午6点演剧完毕。

如此说来，清宫的端午节是吃喝玩乐一样不缺，十分惬意。

大清月饼，真的"大"

中秋节是中国传统节日之一，历代文人墨客为明月着墨的数不胜数，流传千古的佳句频出，如"举杯邀明月，对影成三人""但愿人长久，千里共婵娟""人生代代无穷已，江月年年望相似"，等等。明月对中国人而言，不仅是八月十五的团圆，还可以寄托千里之情，古今之愿，更代表了我们心中故乡的样子。

《大戴礼记·保傅》记载："三代之礼，天子春朝朝日，秋暮夕月，所以明有别也。"意思是，天子要在春分的时候祭祀太阳，秋分的时候祭祀月亮。虽然月亮在古代被定义为"阴性"，代表女人，因此民间有"男不拜月，女不拜灶"的俗语，不过，清朝的皇帝们还是遵循周代流传下来的礼仪，在元宵节和中秋节对月亮进行拜祭。

祭天有天坛，祭地有地坛，祭月也有月坛。北京的月坛修建于明嘉靖九年（1530），到清朝时已经有些败落，所以，乾隆又下旨重新翻修了一遍。祭坛"方广四丈、高四尺六寸"，虽然比不上天坛，也足够雄伟了。月坛的坛面铺的是白色琉璃，象征着月亮的清光。

　　乾隆在位60年，除了刚即位的前几年，以及出现特殊情况，每年的七八月都要去避暑山庄，也就是说，他的中秋节，大部分都是在热河过的。据统计，乾隆在热河过了43个中秋节。避暑山庄落成于清康熙年间，那时乾隆刚刚出生，因为康熙的赏识，12岁的乾隆就曾在避暑山庄过了一次中秋节，那是他第一次以皇孙身份随行。

　　每年八月十五这天，乾隆有哪些活动呢？首先是祭月活动。行宫祭月，一般都在避暑山庄的烟波致爽殿进行，宫殿监在此前会将供案上的49样祭品一一摆好，然后奏请皇帝拈香行礼。此时，乾隆身穿吉服，带领皇后、皇贵妃、妃、嫔等人，磕头敬香。礼仪完毕后，再到后面的"云山胜地"把祭品焚化。

　　严肃的活动搞完，接下来就是赏心悦目的闲情时刻了。月上柳梢，乾隆就在"云山胜地"赏月，登上青雀舫泛舟游湖，并留下了不少泛舟赏月的诗作，如："塞湖敛尽碧霄清，几望冰轮倍觉明。傍晚乘凉兼玩景，逐教青雀泛澄瀛。"伴着清风明月游湖，又有美人在侧，真是惬意至极。

　　夜间活动如此丰富，帝后们玩累了、饿了怎么办呢？这就轮到月饼上场了。

　　清朝的月饼和现在一样，也分为甜咸两派。甜党包裹的馅儿是白糖、豆沙、大枣等，咸党的馅儿是芝麻、椒盐等。

　　月饼的主体成分也是面粉，为了口感丰富，表皮也做了许多创新，有用香油混合面粉制成的香酥皮月饼，有用奶油制成的奶酥油月饼，还有用猪油和面粉的。月饼的颜色有红里

清董邦达《绘御笔中秋帖子诗》

白边的，也有白里红边的，还有全红和全白的，称为"自来红""自来白"。这些月饼大多用梨木月饼模子压制，故宫博物院收藏的"广寒宫月饼模子"就是实证。制作月饼的模具印花也各式各样，有的是嫦娥奔月，有的是玉兔捣药，还有吴刚伐桂、月宫蟾蜍、广寒宫、卷云等，这些应景的图样，无不昭示着千百年来中国人一脉相承的风俗。

　　清宫月饼一般都是内膳房制作，也有些后妃的小厨房会自己做来进献给皇帝，比如乾隆五十三年（1788）的《节次照常膳底档》记载，当年的月饼就有愉妃和孝贤皇后的三公主的作品。

　　清朝月饼尺寸有多种，最小的一两五钱，直径只有3厘米，还有重三两、直径6厘米的，重五两、直径9厘米的，这些都是小型月饼；论斤称的大月饼有重一斤、直径25厘米的，有重三斤、直径41厘米的彩画圆光月饼，比一家五口分量的生日蛋糕还大。最夸张的是一个重十斤、直径55厘米的圆光月饼，饼面约有现在的一个井盖大小。祭祀的时候，这些月饼在供桌上由大到小往上排，摆成宝塔式，预示着果实累累。等举行完祭祀，月饼才能拿下来分着吃。

　　这么大的月饼，怎么吃呢？当然不是一个人独占，而要像切蛋糕一样，分成小份，方便下嘴。就算是吃月饼，宫廷也不忘体现尊卑，要按后妃的品阶分赐。赏给后妃的月饼得根据月饼上的纹饰切开，什么等级吃纹饰的什么部分，都有明确分配。这种活动名叫"散福"。

　　乾隆三十五年（1770）的中秋节，档案记录了太后及后妃们拿到的月饼数量。皇太后一共有月饼二套一桌、小月饼奶子月饼十二盘一桌、各种鲜果四盒、西瓜二十个；当时已经升级为皇贵妃的令妃有月饼一套、小月饼六盘、各种鲜果二盒、西瓜六个；庆贵妃分到了月饼一套、小月饼四盘、各种鲜果一盒、西瓜四个。其他的妃、嫔、贵人、常在等，一共得到了月饼八套、小月饼二十盘、各样鲜果十盒、西瓜二十个。

　　而那个万众瞩目的十斤重的大月饼，一般会用红绸子包裹珍藏起来，等到除夕那天再吃。从八月十五放到年三十？有必要这么节约吗？这么操作只是取美好的寓意：从中秋到除夕，预示着这一年都将圆圆满满。

冬至大如年，祭天拜祖放大假

中国传统二十四节气中，最先确定的是冬至和夏至。原因很简单，冬至是一年中白天最短、晚上最长的一天，夏至正好相反。从天文学上说，冬至这天，太阳光几乎直射南回归线，而在北半球最为倾斜。因此，这一天是北半球全年正午太阳高度最低的一天，也是北半球各地一年中白昼最短的一天，而且越往北，白昼就越短，如果是在北极圈以北，就是一年中极夜范围最广的一天。

据说每年冬至，乾清宫内就有一缕阳光从外面照射进来，再从地面反照到大殿的匾额上，"正大光明"四个字与下面的五条金龙随着日光的移动依次金光闪闪。同样的奇景还有天坛、颐和园十七孔桥下的金光一现。

从冬至这天起，阴气盛极而衰，阳气渐长，此后白天一天比一天长，开始了下一年的循环，是一个大吉的日子。早在周朝时，天子会在冬至这天去郊外祭天，向上天祈求消除国中疫病，减少荒年和饥馑。此后，各朝在冬至时都要举行盛大的祭天祭神仪式。因为祭祀活动一般在郊外举行，所以又被称为"郊祭"。

　　明清时期，冬至祭天活动更加隆重而规范。明朝永乐十八年（1420），规模宏大的天坛在京城南郊建造完成，主要建筑有祈年殿、皇穹宇、圜丘、斋宫、牺牲所等。此后，明清皇帝的冬至祭天大典都在天坛举行。

　　在清朝，冬至被列为一年中的"三大节"之一，地位仅次于元旦，高于万寿节。冬至行祭天礼之前，皇帝和陪祭官员都需要斋戒三天。冬至前一天，皇帝亲临天坛，沐浴敬香。冬至日在圜丘举行祭天大礼，祭品所用牛、羊、猪、鹿都是在牺牲所专门饲养。祭天时，升火悬灯，乐奏钟鼓，唱迎神曲，皇帝穿祭服，请神牌，行大礼，祈求天神保佑国泰民安。

　　在帝王眼中，祭天是和上天的对话，这是皇帝的专责，代表了无上的地位。一般情况下，祭天必须由皇帝亲力亲为，只有在生病等特殊情况下，才能让皇子或其他重臣代祭。比如在康熙末年的"九王夺嫡"大戏中，皇四子胤禛在康熙六十一年（1722）冬至那天代行祭天礼，其间康熙病情突然恶化，胤禛被急召至畅春园听取遗诏。由此，胤禛代行祭天之举，也被认为是康熙授位的暗示，因为之前祭天，康熙是从不轻易假手于人的。

　　皇帝是天子，理当祭天。在民间，老百姓就是冬至祭祖。如孟元老在《东京梦华录》中记载："十一月冬至，京师最重此节，虽至贫者，一年之间，积累假借，至此日更易新衣，备办饮食，享祀先祖。"据《清嘉录》记载，冬至这天，江南最重祭祖，不管家富家贫，都要悬挂祖先遗容并供奉祭品，仪式高于其他节日，所以有"冬至大如年"的谚语。"慎终追远"

清佚名《雍正帝祭先农坛图》（局部）

是中华民族传承数千年的传统，冬至祭祖的民风民俗至今仍广泛流传，它可以是室内祭奠的形式，也可以去祖先墓地祭奠。如江浙一带，每逢冬至都要给先人扫墓，广东一带也有冬至日上坟"挂冬纸"的习俗。

　　和现在不一样的是，古代在冬至这天会放假。《后汉书》记载："冬至前后，君子安身静体，百官绝事，不听政，择吉辰而后省事。"

　　汉代冬至时有五天假期，唐宋时有七天假期，几乎和新年假期一样长。作为对比，当时寒食和清明的假期只有两天。宋代有童谣说："大冬大似年，家家吃汤圆。先生不放学，学生不把钱。"说的就是当时的冬至习俗。冬至这天的主要活动是"拜冬"，周密在《武林旧事》中说："朝廷大朝会，庆贺排当，并如元正仪，而都人最重一阳贺冬，车马皆华整鲜好，五鼓已填拥杂遝于九街。妇人小儿，服饰华炫，往来如云。……三日之内，店肆皆罢市，垂帘饮博，谓之'做节'。"这一庆祝仪式，基本与过年无异了。

到了明清时期，冬至习俗依旧长盛不衰，民间甚至有"肥冬瘦年"的说法。《帝京景物略》记载了当时的盛况："百官贺冬毕，吉服三日，具红笺互拜，朱衣交于衢，一如元旦。"可见，古人对冬至节的重视程度与元旦相差无几。时至今日，有些地方还流传着"冬至大似年，先生不放不给钱；冬至大似节，东家不放不肯歇"的谚语。

"冬至饺子夏至面"，中国人过节，总少不了一个"吃"字。冬至过后，就是一年中最冷的节气小寒、大寒。因此，每到冬至这天，各地都有进补的习俗。在北方，冬至这天一定要吃饺子，而在南方，冬至这天吃的是热气腾腾的汤圆。汤圆可以用来祭祖，也可用来馈赠亲友，民间还有"吃了汤圆大一岁"的说法。以前的老北京人，在冬至这天还会吃羊肉包子。人们认为羊肉的"羊"，与阳气的"阳"谐音，吃羊肉可以补阳气，这个吃法倒也有些科学依据。为了御寒，北方人还有冬至吃辣汤、喝浑酒的习惯。要是生活条件好，吃羊肉涮锅也是一个不错的选择。

接下来再说说"玩"的事。以前，民间往往把冬至称为"交九"或"数九"。从冬至这一天起，每隔九天作为一个"九"，九个"九"就是九九八十一天，过了这八十一天，春天就来了。在没有暖气的年代，八十一天的"数九寒天"是挺难熬的，所以就有了数九九、填九九消寒图的游戏。下面这个顺口溜，想必大家都很熟悉了："一九二九不出手；三九四九冰上走；五九六九沿河看柳；七九河开八九雁来；九九加一九，耕牛遍地走。"

不但民间喜欢玩数九九的游戏，清宫里也不例外。道光皇帝就亲手制作过九九消寒图，他写了"亭前垂柳珍重待春风（風）"九个字，每个字九画，由翰林按御笔双钩成空心字，装裱成幅，张贴在懋勤殿，轮值的翰林每天来此用丹砂描填一笔，并用小字标注当日天气，最后形成一幅精美的集体书法作品。后来，宫女们也学着写这九个字，每天一笔，正好八十一天写完后，春天就来了。

皇帝过生日，全国领福利

古代皇帝过生日那一天叫"万寿节"。顾名思义，就是祝福皇帝"万寿无疆"的意思。在古代，这可是个全国性的重大节日。

据说，皇帝重视过生日的做法开始于隋文帝杨坚。他曾发布诏令，在他生日那天，全国禁止杀生，吃一天素，以此报答双亲的养育之恩。类似的情感流露，在唐太宗李世民那里也有所体现，某年他过生日时，突然对国舅长孙无忌说："人家都说生日可喜乐，但我却想起了自己的父母！"说完，他百感交集，潸然泪下。

唐太宗之后，皇帝过生日开始正式化，并上升到国家层面。比如唐玄宗李隆基在兴庆宫花萼楼举办生日宴会时，大臣们请求将当天定为"千秋节"，以示祝贺。对此提议，唐玄宗大为赞同，随后下令将每年八月初五定为"千秋节"，放假三天，举国同庆。

宋朝以后，不但皇帝的生日仪式十分隆重，就连大臣的生日，皇帝也十分关心，并经常加以赏赐。在朝廷的推动下，民间吃寿面、办生日宴会的习俗也十分盛行。到了明清时期，

"万寿节"和"元旦""冬至"并称为"三大节",并且每逢皇帝、皇太后的旬寿,都有规模浩大的祝寿活动。

清朝皇帝的生日庆典规模宏大,前所未有。当然,"旬寿"必须是皇帝五十岁后的整十年生日,比如康熙六十大寿,乾隆七十大寿、八十大寿及嘉庆五十大寿,这四次都有十分隆重的庆典。

既然是大型庆典,"万寿节"整个过程也就有一整套的规矩。某种程度上说,"万寿节"并不局限于皇帝生日那一天。如果从筹备算起,整个过程有几个月之久。

"万寿节"虽然是皇帝的生日,但不好由自己主动提起,而必须由文武大臣奏请、皇帝批准后才好承办(皇太后的寿典由皇帝提出,比如乾隆提出为崇庆皇太后举办八十大寿庆典),否则的话,不免被人讽刺为喜好排场、贪图享受了。

清张廷彦《崇庆皇太后万寿庆典图》(局部)

在确定办理寿典后，皇帝要派官员前往太庙、天坛、地坛等处祭拜祖先和天地，以表示"万寿节"乃国之大典，不可轻慢。乾隆朝时，甚至还派官员前去祭祀五岳四海、前代帝王陵寝和阙里孔庙，以示庄重。

如果祭祀主要是象征性活动的话，那么庆典前的铺桥修路可算是实事工程了。每次"万寿节"庆典前，清朝皇帝都会下令对各省道路和桥梁进行普查和维修，这既是一种恩赏，也是为庆祝活动做好准备。此外，康熙皇帝六十大寿前，曾命令各地官员对损毁的庙宇和历代帝王陵寝进行修葺。

为了烘托"万寿节"的气氛，京城官员比地方官员要更加繁忙，因为在"万寿节"到来之前，必须完成相应的庆典布景。大体而言，庆典当天，皇帝所到之处都必须搭建彩棚、戏台等，有些重点区域还要建造亭台、假山。凡是举行庆典活动的街道，都要用彩纸装饰，以显示万象更新、歌舞升平的气象。

"万寿节"之前，三品以上的官员们还得给皇帝准备寿礼。这些礼物多为如意、盆景、钟表、插屏、漆器、刺绣等精美的工艺品，内容以福、寿、祥为主题。王公大臣们进贡的寿礼看似寻常，实际上都非常讲究，用三个字概括就是"精、珍、奇"，件件都价值不菲。

在紧锣密鼓筹备了几个月后，到皇帝生日这天，"万寿节"庆典达到高潮。以康熙五十二年（1713）康熙六十寿辰为例，当年三月一日起，从西直门到畅春园约20里地，沿路开始搭建彩棚。根据礼部提议，从三月初一至月终，王公以下大臣都要穿蟒袍花衣，以示庆贺。等到"万寿节"这天，康熙先率王公大臣到皇太后宫行礼，然后在太和殿内接受文武百官的朝贺。因为朝贺的人太多了，所以分成好几拨，第一拨是王公、皇子皇孙等皇族成员，第二拨是文武大臣，第三拨是藩属国使节，第四拨是嫔妃。

朝贺结束后，康熙皇帝陪护皇太后前往畅春园，一路上文武官员、八旗兵丁、各省耆老、士民百姓等在各诵经处跪送行礼庆贺。到畅春园后，当天的重头戏"千秋宴"开始。按事前拟定的名单，赴宴者既有京城官员，也有外省官员；既有在任官员，也有已经退休的官员。士绅百姓，只要六十五岁以上，都有资格被挑中参加。此外，官员命妇和八旗年老妇女也被邀请到皇太后宫中参加寿宴，以示万民同乐。

据记载，"万寿宴"上有热菜二十道、冷菜二十道、汤四道、小菜四道、鲜果四道、瓜果蜜饯二十八道、各色点心面食二十九道，共计一百零九道。菜肴包括猪、鹿、羊、鸡、鸭、鱼等肉食，辅以蘑菇、燕窝、木耳等山珍。寿宴从12点开始摆盘，下午2点开始，到下午4点结束，历时约4小时。

宴席开始后，康熙皇帝频频举杯，亲赐茶果酒食，皇子皇孙们负责招待各桌赴宴人员。宴席结束后，所有赴宴人员都会得到彩缎银两等赏赐。事后，康熙皇帝批准大臣编纂《万寿圣典》，这次的生日庆典才算结束。

相比于康熙的六十大寿，乾隆五十五年（1790）的乾隆八十大寿就更加隆重、更加铺张了。当年七月，乾隆先在承德避暑山庄贺寿，接着回到圆明园庆贺，最后才回到皇宫接受朝贺。

清张若霭《避暑山庄图》之《烟波致爽》

　　这一个多月时间里，到处歌舞升平、火树银花，规模和花费远远超过康熙六十大寿。据说，协办大学士、工部尚书彭元瑞曾撰一联为皇帝庆寿："龙飞五十有五年，庆一时五数合天，五数合地，五事修，五福备，五世同堂，五色斑斓辉彩服；鹤算八旬逢八月，祝万寿八千为春，八千为秋，八元进，八恺登，八音从律，八风缥缈奏丹墀。"乾隆阅后，为之大悦。

　　皇帝过生日，花钱如流水。但归根结底都是老百姓辛辛苦苦赚来的血汗钱。对此，皇帝想必也心知肚明，所以每次"万寿节"前，皇帝也会格外开恩，弄点惠民政策，给老百姓谋点福利。

第一个福利是减免赋税。万寿盛典当年，康熙和乾隆都颁布过减免政策，具体实施办法是，各省将当年的税额先免三分之一，接下来的两年再免三分之二。也就是说，用三年的时间免掉一年的应纳税额。对于当年的受灾地区，乾隆还实行过全免政策。由于很多佃户不是直接纳税对象而难以享受到免税政策，心思细密的乾隆还特别要求，地方官员应出面鼓励富户相应减少佃户土地租金，以减轻农民的负担，真正实现雨露均沾、普天同庆的效果。

"万寿节"的第二个福利是在当年增加一次恩科考试，为广大读书人增加一次获得功名进入官场的机会。恩科考试也包括童子试、乡试、会试，是一次完整的科考。这样一来，各年龄段、不同层级的读书人多了一次考取秀才、举人和进士的机会，这对他们来说，无疑是十分期盼的。

"万寿节"庆典的第三个福利是大赦天下。为了烘托喜庆气氛，在"万寿节"期间，除了平常案件照常办理外，重大案件都延期一个月审理。更值得一提的是，除了那些"遇赦不赦"的情况，一般性犯罪都会根据具体情况减刑甚至免罪。换句话说，除了那些极其凶恶的罪犯，一般的罪犯如果刑期所剩不长的话，都有可能在当年就被赦免回家。如乾隆时期，曾对服刑超过十年且安分守法的流放犯人都予以释放，其他的予以减刑，惠及两千六百多人。

"万寿节"的第四个福利是对年长者进行恩赏。在康熙和乾隆的万寿庆典期间，都举办过规模盛大的"千叟宴"，数千位年长老人不分高低贵贱，同堂共饮，成为历史佳话。此外，皇帝还会要求各级官员统计本地的高寿老人，由朝廷出钱出物加以赏赐，以鼓励敬老的风气。

　　总的来说，清朝时举行万寿庆典，既是给皇帝庆祝生日，同时也有宣扬国威、提倡敬老等用意。从这个意义上说，之前的"万寿节"几乎相当于后来的国庆节，政治意义十分重大。当然，不可否认的是，万寿庆典往往费用不菲，铺张浪费在所难免，这也是为后人所诟病的。

第五辑

吃喝玩乐

穿越到清朝，吃得上番茄炒蛋吗？

　　鱼香肉丝、糖醋排骨、酸辣土豆丝、韭菜炒鸡蛋、宫保鸡丁、番茄炒蛋、白菜豆腐汤……这些现代社会中流行的家常菜，清朝人吃过吗？

　　清朝流行的烹饪法有炒、蒸、煨、炖、拌、熏、焖、煮、煎、炙烤、油炸等，与现有的烹饪技巧相差无几，但是，在菜的搭配上，就不见得和现代美食一样了，毕竟，每一样美食都是人们不断尝试和更新出来的。拿豆腐来说，当时有各色各样的做法，袁枚在《随园食单》中就说了不下10种，但它的最佳搭档一直都是虾米（当时的人认为虾不能独自上桌，只堪做配菜），偶尔也会加些香菇、松子、紫菜之类的配菜，却不见白菜的身影，更别说用来做白菜豆腐汤了。

　　番茄炒蛋更不可能了。西红柿传入中国大约在17世纪，当时还是明朝。西红柿外观长得好看，果实既像蔬菜又像水果，当时的人都还没确定如何归类，拿它入菜，对他们来说就相当于在做黑暗料理。所以那会儿，西红柿只是作为观赏作物栽培。一直到20世纪，才有零星的人开始做"第一个吃螃蟹的人"，把它当作菜来尝试。中国普遍种植西红柿当菜吃，要到

20世纪50年代了。所以，别说清朝人吃不上番茄炒蛋，民国能吃上的人估计都是寥若晨星。

那么，清朝民间的那些老饕都爱吃什么？他们都是怎么搭配菜式的呢？让我们以清代美食家李渔的《闲情偶寄》和袁枚的《随园食单》为根据，一起去探究一下。

李渔最喜欢吃大闸蟹，每到大闸蟹快上市的时候，李渔就开始存钱备用，家里人都笑他以蟹为命，他自己也戏称这是"买命钱"。从大闸蟹刚出来到下市，他家的餐桌上，一顿都不会错过。没有大闸蟹的日子，李渔仿似度日如年，每年就盼着那几个月。后来，见别的食物经常能在过季以后吃到，于是他想到了一个办法，用糟、酒把蟹保存起来，虽说味道可能不如新鲜的好吃，但勉强也能对付一下。

李渔对大闸蟹的喜爱到了如痴如醉的地步，他甚至还会把身边各种人事都跟蟹关联起来，比如，吃蟹的最佳时节九、十月，他取了个外号叫"蟹秋"；为他做大闸蟹的奴婢，他直接给人家改称呼，叫"蟹奴"。另外，酒酿的蟹叫"蟹酿"，米糟的叫"蟹糟"，连装它们的瓮都要赐名"蟹瓮"。

李渔的蟹是怎么做的呢？很简单，清蒸、冰镇。为的就是要保存蟹的全貌和本身味道。他吃蟹讲究现剥现吃，还必须自己剥的才有味道，别人剥出的蟹肉，那是没有灵魂的！

李渔还写文章批评那些破坏蟹味的做法，比如，如果拿蟹炖汤，味道鲜是鲜了，但蟹的美好质感在哪里？如果把蟹切细"脍"之，它的味道全散了，也是暴殄天物。最讨厌的是，还有人把大闸蟹切成两截，油、盐、豆粉一起撒在上面煎，这还

清恽寿平《瓯香馆写意册》之《芦蟹》

吃个啥？色香味全失掉了！

吃鱼，李渔也特别讲究。因为鱼类众多，什么鱼适合怎么烹饪，就得有细致的甄别了。比如，他认为，像鲟鱼、鳜鱼、鲫鱼、鲤鱼，适合清煮做汤喝；鳊鱼、白鱼、鲥鱼、鲢鱼，则适合切成细片用火煎烹。而煮汤的话，水不能太多，不然，水多一口，鱼淡一分。最后，无论是煎还是煮，都不如蒸。把鱼放在大盘子里，放点陈酒和酱油，再配点姜、笋、香菇之类的鲜蔬，入锅用急火快蒸，揭锅盖时，那蒸出来的鱼，真是鲜与美恰到好处，让人垂涎欲滴。

不过，因为太讲究鲜味儿，李渔恐怕是难以想象川菜酸菜鱼、水煮鱼的美味了。

　　李渔一生对吃几乎来者不拒，唯独有三样，是他发誓终身也不会碰的，那就是葱、蒜、韭菜。按李渔的说法，这三样是"菜味之至重者也"，味道太大，会掩盖其他菜本身的味道。

　　还有一样，也是李渔觉得不太有可取之处的，那就是家禽中的鹅。他认为，鹅肉完全没啥特别的，也就是肥而已，肥到深处，就有一点点甘甜的味道，否则就如同嚼蜡。所以，他是不怎么爱吃鹅的。

　　有一天，有个朋友神神秘秘地跑来跟李渔说，他知道鹅怎么烧好吃。李渔赶紧追问。那人说："据说，以前有个人很会做鹅掌，每次要杀肥鹅的时候，先把一碗油煮沸，把鹅足投进去，鹅痛不欲生，就会拼命往外跳，等它跳走，再抓回来继续放进油碗，它还会奋力再飞，反反复复三四次，丰美甘甜的鹅掌就成了，特别好吃！"

　　听到这么残忍的做法，李渔不禁头皮发麻，语重心长地批评："动物不幸被人所畜养，吃人撒喂的食物，又死于人之手，你想吃它，正常弄死就算了，何必在没死之前让它遭这么大酷刑？这样做出来的鹅掌或许很美味，但吃进嘴里，入到肚子里，也就舌头尝到了一会儿的味道，相当于入口就没了，而鹅所受的痛苦却是我们享受时候的一百倍呀。让生物那么久的痛楚换我片刻的美味，我不忍心。"

　　李渔对食物和烹饪表达了个人的偏好，而袁枚的《随园食单》，则完全是个清朝美食谱。一开篇，袁枚就将美食制作方法做了一条龙解说，倾囊相授。

　　食材怎么选呢？《随园食单》第一篇的"须知单"说：

小炒肉最好用后臀的肉，做肉圆要用前腿夹心肉；炒鱼片用青鱼、鳜鱼，做鱼松用草鱼、鲤鱼；蒸鸡选小鸡，用火煨选阉了的公鸡，想要得到鸡汁就得用老鸡。还有，鸡是母鸡嫩，鸭是公鸭肥，这都是他多年吃出来的经验。

　　选好了食材，怎么洗刷呢？毕竟，经过几道水，如果处理不得当，很多食物都会变味儿。别急，袁枚有招儿：燕窝得去毛，海参得去泥，鱼翅得去沙，鹿筋得去臊；猪肉有筋，剔掉就好吃了，鸭子的肾比较臊，去掉就干净了，剖鱼的时候如果鱼胆破了，那这条鱼相当于废了，会弄得整盘鱼都是苦的……

　　洗过了，下面轮到菜刀的工作。为了不串味，切过葱的刀，就不要去切笋了，捣过辣椒的臼，就不要去面粉里搅了。

　　各类菜之间怎么搭配呢？荤素可以混搭的，有蘑菇、鲜笋、冬瓜等；只能搭配荤菜的，是葱、蒜、韭菜和茴香；只能搭配素菜的，有芹菜、百合、刀豆。也就是说，按袁枚的搭配法则，他可能吃到过韭菜炒肉、刀豆土豆等现代家常菜。而小葱拌豆腐就不可能了，因为他认定葱只能搭配荤菜。

　　下面就该轮到烹煮的方法了。怎么烹饪，说白了就是火候的问题。煎炒类的菜，就得上大火，火小食材都蔫了；煨煮之类的，就必须用文火，大火食物就枯了；要是想收汤的话，先大火后小火即可。越煮越嫩的，是腰子和鸡蛋，略煮一下就容易焦的，是鲜鱼和蚌蛤。另外，起锅的时间也必须掌握好，肉起迟了就会变黑，鱼起晚了活肉变死；蒸煮过程中屡屡揭开锅盖的，菜的香味就都跑了；熄了火还放锅里烧的话，食物的油脂被熬出，就会失去味道……

菜煮熟后，需要放调料。酱用伏酱，油用香油，酒用酒酿，醋用米醋。至于葱、椒、姜、桂、糖、盐，用得也不多，最好选用上品。如果想吃点重口味的，冬天用胡椒，夏天用芥末，辣味十足。李渔比较讲究原味，袁枚则强调，擅长做菜的，一定要会用调料。因为，吃菜吃的是味道，如果太淡了，不如喝白开水呢。当然，袁枚也说，味道可以浓厚，但不能变成油腻，否则，抱着猪油吃就好了。

说了这么多，想必大家最关心的，还是清朝人到底能不能吃到什么我们现在耳熟能详的菜。这一点，袁枚的《随园食单》里也不吝描述。像香菇烧里脊、白斩鸡、醉虾、醋拌海蜇、韭菜合子、炒三鲜、黄焖鸡、粉蒸肉，当时的人就先我们之前品尝过了。而这些经过时间检验而仍然盛行的菜，大约也可以算得上是舌尖上的传统文化了。

乾隆爷的秘制三清茶

喝茶是中国人的传统习惯，历史不下数千年。不过在清宫中，喝茶习惯和民间稍有不同。

清兵入关前，满人和蒙古人一样喝奶茶，也就是在牛奶中加入适量的奶油、黄茶和青盐的喝法。入关后，清宫仍以奶茶为主，皇帝每次用膳后，茶房都要准备奶茶以供饮用。

清丁观鹏《太平春市图》（局部）

随着时间的推移和汉化程度的加深，清宫中也开始像汉人一样饮用清茶，并用清茶待客。为此，清宫特设两个茶房，一个是御茶房，一个是清茶房，专门负责茶饮与茶具的供应。而宫中人员如帝后妃嫔等，也都有符合自己地位的茶饮份例规定。当时，御用清茶由广储司茶库供应，茶的品种都是各省进贡来的名茶，比如杭州的西湖龙井、太湖西山的碧螺春、安徽六安的瓜片、四川雅安的蒙顶黄芽、云南的普洱茶等，可谓应有尽有。

就像《延禧攻略》剧中说的，三清茶确实出自乾隆的独创，不过它并不用龙井茶打底。事实上，乾隆的三清茶既不是奶茶，也不是清茶，而是类似于现代的花果茶，"三清"指的是梅花、松实、佛手，而不是其他。

据乾隆自述，他调制三清茶的灵感来自一次出巡的偶遇。原来，在乾隆十一年（1746）时，乾隆前往五台山拜佛，回程时路过定兴，天上忽然下起了鹅毛大雪，乾隆见后雅兴很高，便让侍从们立即收集雪水，由此有了这款三清茶的问世。

乾隆初次烹茶没什么经验，但回宫后认真琢磨起来，那三清茶可是越来越精致了。据记载，三清茶用的梅花、松实、佛手都十分讲究。比如梅花必须是新年正月含苞欲放的那种，由奉宸苑职掌花圃供奉；松实是松果中的籽肉，从御苑里的百年古松上采集；佛手是南方热带水果，香味浓郁、色泽鲜黄，是广东及藩国不远千里进贡来的贡品。

重华宫茶宴的烹茶用水也很不简单。它是大雪之后从御苑内收集的纯净白雪融化而成。如此高古清绝的品位，即便与

《红楼梦》中用梅花上的雪水烹茶的妙玉相比也不逊色。

乾隆独创了这么得意的一款茶饮，也想让众臣一起尝尝，哪怕多听几句阿谀奉承的话也会觉得开心。这时，乾隆想起了清宫中传统的茶宴联句盛事。

据记载，清宫举行茶宴联句起源于康熙二十一年（1682）。当年正月十四日，三藩之乱平定，海宇荡平，兵革偃息，康熙在乾清宫大宴百官，他仿效汉武帝柏梁台旧例，令诸臣在宴饮之余联句作诗，君臣同乐。后来，雍正也举行过君臣联句活动，地点同样在乾清宫。

乾隆年间，类似活动仍在正月初二至十四日择一吉日举行，不过地点改到了重华宫，之前的酒宴也改成了茶宴。至于参与活动的人数，由于之前人多太乱，加上耗时太长，乾隆将之缩减为28人，并主要从能诗善赋的文臣中选取，其中尤以内阁大学士、翰林院官员为主，故有"重华文宴集群仙"之名。

茶宴文化起源于魏晋，唐朝后开始流行。宋代以后，"以茶会友"逐渐成为文人相互酬唱的风雅之举。历史上，唐太宗、宋徽宗都曾举行过茶宴，无论形式还是内涵，传统的茶宴文化一直是品格很高的。作为一年一度的雅集，乾隆亲自主持的重华宫茶宴无疑是最高规格的。按程序，得由奏事处首领太监事先呈递预选名单，由乾隆裁夺圈定后，将正式名单交给奏事官，并宣召有关大臣做好准备，按时入宫。茶宴举行当天，奉旨进宫的大臣须提前两个时辰到达，由宫内太监引入重华宫等候。

重华宫茶宴不设酒水，无鱼无肉，如果只有一杯三清茶待客，当然太过单调枯燥。对此，乾隆自有考虑，"布果钉合为席，诗成颁赏"。据清宫档案记载，茶宴上由御茶膳房伺候精美果盒，其中装有白面、芝麻、高粱、青豆面、豌豆面等烘焙而成的饽饽点心，此外还有多种蜜饯干果，作为茶食供大臣们享用。

茶饮之外，当天选用的茶具也十分讲究。为了更好地烘托茶宴气氛，乾隆提前让景德镇工匠烧制了一批专用茶杯，这就是后来所称的"三清茶杯"。三清茶杯十分精美，杯子内底绘有梅枝、苍松与佛手树的花纹，外壁则印制了乾隆御笔书写的《三清茶》诗。为了这套茶杯，乾隆可谓动足了脑筋，杯子的样式完全是他亲手设计的。

乾隆后来又以玉料或彩漆、雕漆再次制作过同样款式的三清茶杯。这些专配茶杯，有些是供乾隆御用，有些则是专为重华宫茶宴准备。对于这些作品，乾隆自己十分满意，他曾在乾隆四十六年（1781）的一首诗注中说：三清茶和《三清茶》诗准备妥当后，令两江陶工作茶杯，将御制诗印制于杯外，此杯用以贮茶，极其精雅，绝不输于宣德、成化年间的古董旧瓷。

重华宫茶宴不但茶具精致，就连烹茶所用的茶炉也很考究。乾隆曾写诗说："活水还胜活火烹，三清瓯满啜三清。"这茶好、水好、茶杯好，茶炉也不能随便。在北京故宫博物院中，珍藏着一只方不盈尺、高仅四寸的竹茶炉，这只茶炉上圆下方、陶泥为膛，周边编篾作围状，看上去十分古朴典雅，是目前故宫藏品中不可多得的精品。据说，这只竹茶炉颇有些来历。原来，乾隆首次南巡途经无锡惠山时，听松庵僧人以明代和尚性海所制竹茶炉烹茶奉客。当日，听松庵僧人取惠山泉水，拾松实堕枝，宾主烹茶啜茗，气氛极为风雅。乾隆见此茶炉十分雅致可爱，于是即兴题诗，大大称颂了一番。回京后，乾隆马上让工匠按照这一样式仿制了两只竹茶炉，故宫收藏的这只竹茶炉，说不定就是当年重华宫茶宴用来烹茶的那只。

一切准备妥当后，茶宴宣布开始。在太监们的伺候下，乾隆与各位受邀大臣一起用茶、吃点心，彼此闲谈，聊聊家常。从这个意义上说，重华宫茶宴有些像现在的茶话会，大家借茶引话、以茶助话，各抒己见，畅所欲言。等到会场气氛活跃起来后，乾隆便郑重宣布本次茶宴的主题，太监们将笔墨纸砚奉上，参与大臣按规定依次联句作诗。

据统计，乾隆一共在重华宫举办过43次茶宴，他出题的内容也十分广泛，其中多数是景物节令，如以新春大雪为题的咏雪、雪象、雪狮等；还有反映宫廷生活习俗和欢度佳节情景的，如爆竹、冰灯、冰床、冰嬉、元宵、春胜、书福等。此外，也有涉及政治、典章或者纪念军国大事的，如乾隆六十年（1795）正月，乾隆就以“政治典章之大者”为题，这在历次联句中算是难度比较高的。

或许是因为太喜欢自己发明的三清茶了，在乾隆三十三年（1768）茶宴上，乾隆直接以“三清茶”为题，让各位大臣就此联句作诗。乾隆之所以偏爱这款茶，不仅是因为三清茶色、香、味清绝宜人，同时也是因为，这款茶中的梅花、松实、佛手乃至雪水既有清雅之意，也有清廉之意，是文臣清高节操的象征。

事实上，乾隆曾多次写诗称颂三清茶，如："高节为邻德表贞，喉齿香生嚼松实。心神春满泛梅英，拈花总在兜罗手。"在《三清茶联句》中，乾隆与傅恒、尹继善、刘统勋、陈宏谋等十八位王公大臣联句共两千余字，乾隆在序中讲得很明白："遑云我泽如春，与灌顶醍醐比渥；共曰臣心似水，和沁脾诗句同真。借以连情，无取颂扬溢美……"这段话的意思是，重华宫茶宴时，众臣无须颂扬溢美、歌功颂德，茶宴就是借茶与诗，讲讲平时不敢说、不便说的真心话，以加深君臣的了解和感情。而"臣心似水"，实际上是教诲众臣要清澈明净，做一个清官。联句的最后，乾隆总结说："治安均我君臣责，勤政乘时共勖诚。"这是君臣一体，勤政勤责，一起把国家治理好的意思。

乾隆朝的茶宴韵味独特，其中既有文人逸士"雅"的一面，同时也展现了帝王亲贤礼人的一面。试想，君臣一堂，相谈甚欢，喝着茶，吃着点心，吟诗联句，馨香满庭，何其雅也，何其乐也。从这个角度上说，乾隆是用自己的独特审美和文化情怀将传统文化中的茶事推到了极致。通过一年一度的宫廷雅集，乾隆在用心国务之余，也舒缓自己的心情，培养了情趣。类似的活动，其实有些像是现在的诗词大会，而在茶宴结束后，联句尚不过瘾的乾隆往往会另作律诗一或二首，命人刻匾悬于崇敬殿内檐。到乾隆六十年（1795）时，这些匾额已将崇敬殿内四周挂得满满当当。

茶宴结束后，乾隆照例要对诸臣的联句颁赏，赏赐品包括荷包、如意、画轴、端砚等。按规矩，参与茶宴的大臣还有另外一项福利，那就是可以将自己所用的茶杯与果盒作为赏赐带回家。对于乾隆来说，这不过是送出一批精美的茶杯，可对众大臣而言，意义可就不一样了。毕竟，这只茶杯不是普通的茶杯，而是地位与文才的象征。这等荣耀，不是一般大臣所能享有的。

譬如，著名才子纪晓岚就参加过重华宫茶宴，并获赠过这样的杯子。为了表达感激涕零之情，他连写两首诗，其中一首是这么写的："红沁丹沙白腻脂，越窑风露满花瓷。凡茶不敢轻煎注，上有君王自制词。"对这只印有乾隆御制诗的宫廷茶杯，纪晓岚哪敢使用普通茶叶呢？只能永远地供奉起来了！当年由乾隆亲自设计监造的这些精美茶杯，因为散出的数量较多，所以目前拍卖市场上仍有少量存品，这也算是乾隆朝沉默而珍贵的历史见证了。

兰亭已矣，盛宴不再。嘉庆元年（1796），乾隆宣布归政时，曾下谕将重华宫茶宴联句定为后世必遵之家法，但随着清朝国势日渐衰微，重华宫茶宴在嘉庆、道光两朝虽有沿袭，但在咸丰年间即告终止，再也没能恢复。

吃火锅，还是清宫最厉害

火锅，古时也被称作"古董羹"，据说它最早可追溯到商周时期，那时国君和贵族用青铜鼎煮肉，可以说是火锅的雏形了。等到唐朝，火锅的吃法开始盛行，官府或名流家中设宴，往往用铜制火锅招待客人。宋朝以后，火锅更是成为一种大众美食，当时汴京的酒馆，冬天就有大量的火锅供应。

元朝时，据说元世祖忽必烈极喜欢火锅，在他还没做皇帝时，就已经被火锅深深折服。由于蒙古人吃的多是牛羊肉，所以忽必烈将火锅命名为"涮羊肉"。直到现在，咱们用的还是这词。明清时期，火锅不但常见于民间，而且成为宫廷中大受欢迎的冬令佳肴。

在《宫女谈往录》一书中，口述人老宫女就说：每年十月十五起，宫女们就"每顿饭添锅子，有什锦锅、涮羊肉，东北的习惯爱吃酸菜、血肠、白肉、白片鸡、切肚混在一起。我们吃这种锅子的时候多。也有时吃山鸡锅子，反正一年里我们有三个整月吃锅子。正月十六日撤锅子换砂锅"。老宫女说的"锅子"就是火锅，当时每个人都配有一个锅子，一人一锅，这待遇够好的吧。

有人说，清宫爱吃火锅，可能源于满人祖先在野外狩猎的野炊习俗，他们在关外时，就常用铜火锅涮羊肉或新鲜鹿肉，随吃随煮，好不惬意。袁枚在《随园食单》中说："满洲菜多烧煮，汉人菜多羹汤，童而习之，故擅长也。"满人菜肴以烧煮居多，火锅为其中一大宗，也就不奇怪了。等到八旗入关后，火锅的吃法就更讲究了。大体而言，清宫火锅可分为两大类，一种是暖锅，一种是涮锅，也就是老宫女说的什锦锅和涮羊肉两种。

清朝皇帝中，乾隆大概是最喜欢吃火锅的，每次南巡或北狩，必携火锅出行。只要天气不太热，乾隆每顿都有火锅，而且总是排在第一个。比如，乾隆三十年（1765）正月十六早膳，头菜是燕窝红白鸭子南鲜热锅，当天晚膳的第一个菜是燕窝鸭子热锅；正月十七日早膳，头菜是燕窝肥鸡鱼脍，晚膳的头菜是野鸡热锅；正月十八日早膳，头菜是炒鸡大炒肉炖酸菜热锅，晚膳的头菜是莲子八宝鸭子热锅。再比如，在乾隆四十四年（1779）八月十六日至九月十六日这一个月内，乾隆的餐桌上就出现了各类火锅23种、66次，其中有鸡鸭火锅、舒意火锅、全羊火锅、黄羊片火锅等。

又如乾隆四十五年（1780）正月十四早膳，头菜是燕窝鸡丝白菜丝热锅，晚膳头菜是燕窝丸子锅烧鸭子热锅，次菜是燕窝挂炉鸭子挂炉肉野意热锅，外加一品羊肉片涮锅；正月十五早膳第一个菜是葱椒鸭羹热锅，第二个菜是炒鸡炖豆腐热锅，晚膳第一个菜是燕窝红白鸭子八仙热锅，外加羊肉片涮锅一品。

清徐扬《乾隆南巡图》（局部）

据统计，在乾隆五十四年（1789）一年中，乾隆大约吃了两百多顿火锅。作为资深火锅爱好者，乾隆往往以火锅开启自己的一天，他春天吃的是"炖酸菜热锅"，夏天吃的是"野意热锅"，秋天是"燕窝葱椒鸭子热锅"，至于冬天，更是顿顿火锅。

乾隆四十八年（1783）正月初十，清宫宴请宗室，当时办了530桌火锅席。嘉庆元年（1796）正月初四，也就是乾隆退位时，紫禁城皇极殿举行千叟宴，一共用了1555只火锅，堪称历史上最大的"火锅宴"。据说，和珅承办千叟宴时发明了一种元宝式火锅，这种火锅采用铜罐，里面盛放热气腾腾的鸡汤，加入猪肉、羊肉、鹿肉、狍肉等食材，随切、随煮、随食，由于这种火锅体积大且无烟味，也让全国的长寿老人们吃了一顿热乎乎的火锅。

慈禧太后也是火锅发烧友。老佛爷最爱吃的火锅是"福寿锅"，锅上镌有"福、禄、寿、考"四字，其中"福"为山鸡肉，"禄"为鹿肉，"寿"为羊肉，"考"是东北的白鱼，这些食材切片后涮食，味道想必十分鲜美。慈禧太后还自创了一款"菊花火锅"，这款火锅以鸡汤为锅底，煮沸后撒上精心挑选的菊花瓣，涮上生鸡片或生鱼片，口感清香鲜美，别具风味。

据说，慈禧太后爱吃菊花火锅的原因，是她认为菊花能清肺润肤，美容养颜。为此，慈禧太后命人在紫禁城御花园和颐和园种了几千盆名贵菊花，以供采菊之用。当然，菊花锅也不是慈禧太后的专利。据《清稗类钞》记载，每年冬天，京城酒家都会在桌上放个小火锅，其中最流行的莫过于"菊花锅"，这款火锅以白菊花为特色，十分清雅。

清朝人喝茶有哪些讲究？

　　中国是茶的故乡，也是世界上茶叶产量最大的地方。中国人喝茶的历史不下三千年。在日常生活中，中国人往往以茶待客，这不仅是一种社会习惯，同时也是一种礼仪文化。

　　在过去的两三千年中，中国人喝茶的方式不断变化。最开始，人们将新鲜茶叶采下，放入水中煮沸饮用；后来，又将茶叶晒干收藏，制成末茶；到三国时期，茶叶被烘干制成饼茶，饮用时碾碎冲泡，有时还会加点香料。

　　唐朝以后，茶叶的制作和饮用更为讲究，当时的做法是将茶叶碾成碎末，然后制成茶团。饮用时将茶团捣成碎末，加水煎煮，同时加入盐、葱、姜、橘子皮、薄荷等调料。这种饮用方法被称为"煮茶"或"煎茶"，因为茶末最终调成糊状，所以喝茶也叫作"吃茶"。

　　到了宋朝，点茶开始成为时尚。和唐朝煮茶法不同的是，宋朝人不再将茶直接放入釜中熟煮，而是先将饼茶碾碎后放入茶盏，注入少量沸水调成糊状，最后再注入沸水，将茶末调成浓膏状，形成黏稠度适宜的茶面。为了使茶末与水交融为一体，宋朝人发明了一种用细竹制成的"茶筅"，在点茶的时候，主茶人一手执壶往茶盏里注水，一手用茶筅旋转拂动茶盏中的茶汤，使之泛起泡沫，这就是"运筅"或"击拂"。

相比于煮茶，点茶的技巧性和观赏性要更胜一筹，而要创造出点茶的最佳效果，有三点需要注意：一是调膏要匀，二是注水要稳，三是茶筅击拂要注意节奏，轻重缓急要运用得当。就像苏东坡在诗中说的："道人晓出南屏山，来试点茶三昧手。"当时只有技术高超的点茶能手才可以被称为"三昧手"。

点茶过程中，除了好茶与好水，对茶具、茶几及点茶技巧等也有很高的要求。当时，点茶已经接近于一种表演，不仅仅是饮茶而且是另有蕴藉了。宋朝开创的点茶法也在很大程度上影响了周边国家，尤其对日本茶道影响至深。

明清时期，喝茶反而变得简单，流行的是目前大家熟悉的泡茶法。这一时期，之前的蒸青绿茶逐渐改为了炒青绿茶，已经加工好的茶叶冲以沸水后就可以饮用，简单方便，茶味也容易泡出。从此，中国人喝茶也就以冲泡为主了。

中国人喝茶有"饮茶"和"品茶"之说。"饮茶"就是普通的喝茶，目的是解渴提神；而"品茶"更注重消闲鉴赏，层次相对要高一些。在《红楼梦》中，妙玉请林黛玉、薛宝钗品茶，用的茶具古香古色，而冲茶之水竟然是"梅花上的雪"融化而成。当贾宝玉也跟进来品茶时，妙玉就说了这样一句话："一杯为品，二杯即是解渴的蠢物，三杯便是饮驴了！"

平常人喝茶，当然没有妙玉那般郑重其事，不过既然是"以茶待客"，"茶礼"还是有些需要注意的方面。

清朝官场上，官员接待客人通常只奉茶不请饭，而且喝茶也是礼节性的，并非真正喝茶。当事情谈完，官员端起茶杯请"喝茶"，客人往往将茶杯放在嘴边抿一下就起身告辞，如果不识相，仆从就会在一旁高喊："送客！"这就比较难看了。

亲友之间喝茶或许没那么多讲究，但对于客人的嗜好、上茶的规矩、敬茶的方法、续水的时机等仍须注意，民间就有"茶满欺人""七茶八酒"的说法。

清钱慧安《烹茶洗砚图》

赌坊、戏院，京城城南的娱乐圈

　　清朝北京城分内城、外城，内城里套着个皇城，就是通常说的紫禁城，这里住的是皇帝、后妃、阿哥、格格，还有宫女和太监们。皇城之外，内城就全是旗人了。北京内城其实就是一个拱卫着紫禁城的大兵营，里面住的都是八旗兵丁和他们的家眷。

　　按清朝制度，旗人除了当兵派差外，禁止从事他业。清廷为他们提供俸禄钱粮，就是人们常说的"铁杆庄稼"。平日里，旗人也不准和汉人交往，而只能待在满城，也就是北京的内城。

　　原来在内城居住的汉人，在清军入关后全部迁到了外城，由此内外隔绝，形成两个具有明显差异的城区。当时在京城的汉人，除了做官或者读书赶考外，其他大多是经商或者做工的，他们的顾客，很多就是内城的旗人。旗人不能从事他业，但他们也要生活，吃的、喝的、用的、玩的，都得去买。

　　因此，北京内城、外城的连接处，前门外的"大栅栏"一带，成了清朝两百多年来最繁华、最热闹的地方。

　　早年间，北京有这么个顺口溜："头戴马聚源，身穿瑞蚨祥，脚蹬内联升。"头戴马聚源帽店的帽子，身穿瑞蚨祥家的料子做的衣服，脚底下还得穿内联升鞋店做的布鞋，才显得体面上档次。上面说的这三家店，当年都是大栅栏的明星商铺，也彰显了大栅栏在京城的商业地位。

看过电视剧《大宅门》的朋友，想必对里面的同仁堂药店不会陌生，这家创建于康熙八年（1669）的中药老字号，当时的店铺就设在大栅栏。现在的一些北京老字号，比如明朝就开张的六必居酱园，还有月盛斋熟肉店、长盛魁干果店、张一元茶庄、荣宝斋文房四宝、厚德福饭庄、全聚德烤鸭等，都是大栅栏有名的商铺。在大栅栏全盛时期，这里有头有脸的名店老字号有上百家，都往这扎堆来了。

清徐扬《日月合璧五星联珠图》（局部）

　　要是想找个地方歇歇脚、喝喝茶，大栅栏也有的是地方。大栅栏之所以热闹繁华，除了众多的买卖商家，最撩动人心的，还是戏园子里的锣鼓点儿。

　　老北京有首竹枝词是这么说的："前门大街梨园地，敲锣打鼓唱京戏。听完京戏买东西，一举两得赛赶集。"这说的就是戏园子和商业的关系。入关之初，清廷为了保持八旗的战斗力，曾明令京师内城"永行禁止开设戏馆"，但戏剧这东西，来了挡也挡不住，更何况乾隆、嘉庆、咸丰等人都是戏迷。因此，不管是旗人还是汉人，每个人都会唱上几句，但要真正听戏，还得去前门大街、大栅栏一带的戏园子。

　　据记载，当时在大栅栏以内，就有五处有名的戏园子，分别是庆乐园、庆和园、三庆园、广德楼、同乐轩。而在大栅栏附近的，还有中和园、裕兴园、天乐园、庆春园等十几家戏园。乾隆年间四大徽班进京后，也大都在此演出，大栅栏一带可谓是京剧的发祥地。

　　值得一提的是，以前戏园子和茶园往往合二为一，这有个特别的好处，那就是以前茶园以品茶为主、听戏为辅，所以茶园只收茶资，听戏免费。到了后来，随着京剧越来越火，听戏变成主要，品茶成为次要，茶园也就渐渐变成了戏园子。不过，那时的戏园前台还有"三行"，就是茶水行、小卖行、手巾把行，就像侯宝林先生相声里描述的，台上唱戏的时候，戏园里沏茶倒水、卖花生瓜子、扔手巾把的，一片嘈杂，直到压轴戏开演，才稍微安静下来。

　　再给大家介绍近代几家有名的戏园。一是现名"广和剧场"的查家楼，也就是著名的"查楼"。查楼在明末是盐商查氏花园，《宸垣识略》中云："查楼在肉市，明巨室查氏所建戏楼。"最初，查氏后人把花园改为茶园，建小型戏台，边卖茶边有艺人说书。光绪年间改名"广和楼"，戏台面积扩大并成为北京最早的公演剧场，久负盛名的富连成科班在此演出三十年，谭鑫培、杨小楼、马连良、谭富英、裘盛戎、袁世海等名家都曾在此演出，梅兰芳第一次登台演出也在这里。

再如位于鲜鱼口内的天乐茶园，建于光绪年间，京剧名演员杨小楼、尚小云、金少山、马连良等都在这里演出过。有着二百多年历史的中和剧院，曾与长安大戏院、吉祥戏院、广和剧场一起称为京城的四大剧场，当年的"四大名旦"、"四大须生"、马连良、张君秋都曾在这里登台献艺。此外如大观楼影院（原名马思远茶楼），是南城最早放映电影的场所之一，其拍摄的第一部影片即谭鑫培主演的《定军山》，放映时有"万人空巷来观看"之势，影响巨大，大观楼的名声也逐渐响亮起来。

遗憾的是，庚子年义和团火烧卖洋药的"老德记"，结果"城门失火，殃及池鱼"，整个大栅栏一带都被付之一炬，损失极为惨重。据记载，义和团这把火烧了一天一夜，不但把大栅栏四千多家铺子烧了个精光，而且连带前门城楼、箭楼也被烧毁。此后，大栅栏一蹶不振，北京的商业区开始向天桥、东单和东安市场转移。

说到天桥，老北京又有句顺口溜："看玩意上天桥，买东西到大栅栏。"天桥距离正阳门外不远，是大栅栏被烧毁后逐渐发展起来的。逛天桥的人一般是想淘点旧货、买点日用品，或者到小吃摊上尝尝各地的风味美食，但最重要的目的，就是看杂耍等民间艺术。

天桥的民间艺术，主要以杂耍表演为特色，这儿的艺人不但花样多，而且个个技艺高超，节目引人入胜。以前有个电视剧名叫《小女人》，讲的就是天桥艺人的各种故事，主人公品子是天桥唱大鼓的，她的邻居们有的是摔跤的，有的是打小鼓收旧货的，还有的是唱戏、说相声的。总之，他们都在天桥谋生，而且基本都是旗人。

天桥民间艺术的发展和清末民初的社会背景也很有关系。晚清以后，清廷财政日渐崩溃，旗人的"铁杆庄稼"也大受影响，很多旗人家庭陷入了贫困当中。为了谋生，很多人只能走出内城，利用自己的技艺赚钱养家糊口。

清丁观鹏《太平春市图》（局部）

　　当时，天桥有两位人物，京城几乎无人不知、无人不晓，那就是宛八爷和他的徒弟宝三。这二位是天桥有名的摔跤手。熟悉"康熙擒鳌拜"故事的朋友都知道，八旗里有一个善扑营，这些人都是专业练摔跤的。但作为民间表演的摔跤，则是从天桥开始，宛八爷和他的徒弟们就是其中的佼佼者。

　　宛八爷的跤场设在天桥东侧的红庙附近，他的徒弟很多，宝三是名气最大的。据当时人回忆，宝三身材不高，但长得虎头短颈，前胸两臂都有文身，看起来十分强壮有派头。宝三不但摔跤水平高，而且善于表演，他在比赛中经常插科打诨，逗得观众哈哈大笑。因此，在很长一段时间里，宝三的场子几乎成了天桥跤场的代名词。

　　除了摔跤，宝三还有一个特技就是耍中幡。中幡是一种仪仗类的大旗，竹制旗杆，高三丈，杆顶有红罗伞，伞下挂大标旗。表演中幡的人必须力气大，因为他要将杆子竖起，舞出许多花样。而且，耍中幡不能只托在手中，而且要用身体各部位去托、去接，比如肩膀、胳膊肘、后脖窝，甚至后背、脑门，都得运用自如。

　　天桥备受欢迎的项目还有拉弓、耍刀、爬竿、抖空竹等。拉弓、耍刀这些骑射功夫都是旗人的本行，不用多介绍，这里说说爬竿和抖空竹。爬竿并不是简单爬竹竿，而是杂技表演，表演者必须在竿顶表演各种动作，比如"扯顺风旗""倒立""站竿"等，难度高、危险系数大，但也十分精彩。空竹是老北京常见的玩具，按说会的人很多，算不得本事，但在天桥表演抖空竹的，那些花样和招数就不是一般人所能比拟的了。

天桥毕竟是鱼龙混杂的地方，除了各种表演，其他如相面、算卦，乃至私开赌场、招人开宝赌博等，也并不少见。但总的来说，就像著名诗人易顺鼎在《天桥曲》中说的，"酒旗戏鼓天桥市，多少游人不忆家"，天桥这块，不管北京人还是来北京的外地人，当时就没有不去的。齐如山在《天桥一览序》中云："天桥者，固北平下级民众会合游息之所也。入其中，而北平之社会风俗，一斑可见。"

吃喝看戏买东西之外，可能有人会想起"吃喝"后面的两字，这在清朝可是上不得台面的。清朝立国之初就禁娼禁赌，北京内城更是如此，绝不允许出现赌场妓院，甚至连戏园子都不许有。

到了清朝中期，北京城不但戏园子开放了，就是娼也有了，赌也来了。表面上，步军统领衙门是"娼也查，赌也查"，私下里，他们也真乐意干这种活儿。嘉庆年间，步军统领明安就因为给赌场当"保护伞"，结果被一查到底，最后发配到伊犁去了。

京剧大发展，至尊推手竟是老佛爷

　　说起历史上的慈禧太后，大概没有人不知道的。不过呢，老佛爷喜欢京剧这点事，了解的人恐怕就不多了。

　　慈禧太后出生于旗人中层官员家庭，文化程度不算高。她之所以会喜欢上京剧，应该和她的丈夫咸丰皇帝有关。据说，咸丰皇帝年轻时热衷于戏剧，不但喜欢看戏，据说还会打鼓，并且能登台演唱。

　　有野史说，咸丰在热河行宫避难时，有位名叫陈金崔的老艺人给他教唱《闻铃》一戏。当时，戏文里有句"萧条恁生，峨眉山下少人经"，这里的"恁"字，陈金崔唱念为上声。咸丰听后立刻纠正说："'恁'字应为去声。"有意思的是，陈金崔不服咸丰的指导，他翻出曲谱争辩说自己没错。咸丰一急之下，竟然不顾自己的身份跟陈金崔辩论说："旧谱固已误耳！"意思是说，旧谱从一开始就是错的，不足为凭！

　　清朝的皇帝妃子们喜欢京剧也不是没有原因的。和明朝一样，清宫中也保留类似于教坊司的"升平署"，专门养了一批人在宫中演戏，就是"承应戏"。"承应戏"是按节令演出的宫廷戏剧，在立春、中秋、重阳、除夕等节庆日，或者皇帝、太后的寿庆日，都会按要求上演，以烘托当天的喜庆气氛。要是觉得宫里的"承应戏"看腻了，皇帝或太后也可以从外面传戏班进宫演戏。

清朝康乾时期，升平日久，成为戏剧大发展的繁荣时期。在京剧发展史上，当时最重要的事件莫过于徽班进京。乾隆五十五年（1790），为庆贺乾隆皇帝八十大寿，三庆、四喜、启秀、霓翠、和春、春台等安徽戏班相继进京。演出过程中，六大班逐步合并成为三庆、四喜、春台、和春四大班，就是著名的四大徽班。徽班进京后，广泛吸取了京腔、秦腔、二黄、西皮、昆曲等剧目的精华，最终成为压倒其他剧种的京剧。

在此氛围下，不但民间爱听京剧，清宫也不例外。或许受到咸丰皇帝的影响，慈禧也是终生爱看戏。当然，也有一种说法是，慈禧的父亲惠徵任安徽宁池太广道道员时，慈禧姐妹也跟着去过南方，并学过南曲。进宫后，咸丰皇帝和慈禧在兴趣爱好上相互吸引，彼此引为同调，所以慈禧得到了更多的恩宠，并顺利生下咸丰唯一的皇子同治。比她进宫早、地位高的慈安太后还有其他嫔妃，就没有这份幸运了。

咸丰皇帝驾崩后，六岁的同治继承皇位，慈安和慈禧两位太后垂帘听政。在慈禧太后的影响下，小皇帝也爱好京剧。有一次，同治的师傅倭仁见太监鬼鬼祟祟地扛了一个箱子进宫来，便问里面是什么东西。太监见是帝师，只得如实回答说："这是小皇帝要的梨园戏具。"倭仁素来看不惯那些唱戏的，便责骂道："皇上尚未成年，你们这些奴才胆大包天，竟敢以此淫物相引诱！"说完，倭仁便上疏切谏，慈禧太后听后也很难堪，只得命同治将那些戏具立刻销毁。

紫禁城内，宁寿宫原本有畅音阁戏台可供演戏看戏，光绪十七年（1891），为了退政后听戏方便，慈禧太后又花费巨资在颐和园兴建了德和园大戏楼（据说用去70万两白银）。德和园前后三进院落，占地3800多平方米，规模宏大，由大戏楼、扮戏楼、颐乐殿、看戏廊等建筑组成。作为其中的主要建筑，大戏楼分"福、禄、寿"上下三层，戏台顶板有天井，台底有地井，台上有滑车，演戏时能天降"神仙"，也能从地底钻出"鬼怪"甚至喷水，戏台造型十分独特。据记载，从德和园大戏楼建成到慈禧太后去世，这里共上演过几百出不同的剧目，慈禧太后在这里看了不下260场戏。在后妃、格格、福晋等女眷的陪同下，慈禧通常在戏台正对面的颐乐殿看戏，而王公大臣们一般被安排在看戏廊看戏。

有意思的是，慈禧太后虽然喜欢京剧，但艺人演戏的时候，有些地方要特别注意。比如慈禧太后是属"羊"的，看戏时最忌讳提到"羊"字。所以，宫里唱戏时千万不能唱《变羊记》《牧羊圈》之类的戏。如果戏词有"羊"字，那也得改。比如《玉堂春》里有句词："苏三此去好有一比，好比那羊入虎口，有去无还。"为了避开这个"羊"字，扮演苏三的演员就得改唱："好比那鱼儿落网，有去无还。"

光绪年间，清宫里有个名叫"普天同庆"的科班，专门挑选年幼的太监学习京剧，以备宫廷之用。当时，有个太监叫张兰德，因为京剧演得好而受到慈禧太后的关注，后来居然升至总管太监，并替代了李莲英的位子，他就是后来有名的大太监

"小德张"。

用太监唱戏固然方便，不过水准比较低，不够专业。光绪九年（1883）时，为了庆祝慈禧太后五十寿辰，清宫挑选了一批京剧演员入宫承差，他们一面演戏，一面传授技艺，当时比较有名的伶人，如时称"同光十三绝"的程长庚、谭鑫培、杨月楼等人，就都受到了邀请。

对那些活跃在戏曲圈的京城名角，慈禧太后也是十分熟悉。当时，她经常召集一些当红艺人入宫演出，时称"内廷供奉"。这些人当中，慈禧最喜欢的是老生谭鑫培，他演唱的《捉放曹》《击鼓骂曹》《武家坡》《桑园会》《四郎探母》等戏，是慈禧最爱看的剧目。

清佚名《百幅京剧人物图》之《曹操》

据说，谭鑫培有次得了重病，很长一段时间没能进宫演戏，慈禧就问："这谭鑫培什么情况？他的病还没好吗？就算一时好不了不能当差，也该派人进宫请个安啊。"谭鑫培听说后，赶紧让儿子背着他进宫请安。慈禧见后，怜惜地说："你不能死。等你病好了，还要好好当差，我还要听你的戏呢！"之后，慈禧太后特别赏赐了名贵药物给谭鑫培服用。说来也是奇怪，慈禧"下令"谭鑫培不能死之后，谭鑫培没多久就真的痊愈了。为了报答老太后的"救命之恩"，谭鑫培进宫演出了全本的《四郎探母》，据说这是他一生中唱得最有水准的一次。

也难怪谭鑫培这么卖力，因为像他这样的"内廷供奉"，慈禧太后给的待遇确实优厚。据记载，嘉庆、道光年间，艺人进宫演出时，就算是最当红的名角，也只能得到一两银子的赏赐。慈禧太后就不一样了，她出手大方，一给就是八两银子。后来，每场演出甚至提升到四五十两银子，这还没算其他赏赐。据升平署档案记载，光绪三十四年（1908）六月，慈禧三天之内看了两次《连营寨》，她给谭鑫培和杨小楼的赏银第一次是264两，第二次升至304两。

对那些名角儿来说，进宫演戏不但能拿赏赐，而且有了这个资历，外面的出场费也会水涨船高。因此，很多艺人努力学戏就是为了能进宫演戏，这也使得京剧行业水平不断提高。作为资深老戏迷，看了几十年戏的慈禧太后对那些名家也能分出优劣。比如对于汪桂芬与谭鑫培，她看过二人同台演出后就评价说："有了汪桂芬，就显得谭鑫培略逊一筹了。"看完杨

清沈蓉圃《同光十三绝》

小楼的《铁笼山》后，慈禧太后毫不客气地指出："杨小楼扮相、个头、嗓子都还可以，就是功架没有谭鑫培好看。"听了老佛爷的评价，杨小楼端上银子就找谭鑫培学艺去了。

《菊部丛谭》记载："慈禧后工书画，知音律，尝命老伶工及知音律者编《四面观音》等曲，后于词句有所增损。"在宫中做过女官的德龄曾对人说：慈禧太后对京剧了若指掌，对剧目的了解甚至超过当时的新角，是个既爱戏又懂戏的忠实票友。据她说，老太后经常把京剧里的故事讲给身边宫女听，就算在听戏时也经常会向身边的人"剧透"戏中的内容和戏行的规矩。

德龄曾回忆当时的情景："（《蟠桃会》）这出戏从头到尾我都感兴趣，因为他们演得非常巧妙而逼真。当我知道这戏

完全是太监演的时候，我更加惊异不止，想不到太监竟有这样的才能。太后说布景都是太监画的，种种设计都是依太后的主张。这里的戏不是像中国普通戏院里那样，而是依着情节分成好几幕，太后虽没有到过外国，但有不少地方却设计得和外国的剧情相仿，这使我暗暗惊奇。太后喜欢看宗教书籍和神鬼故事，并且常常把它们编成剧本，亲自排演。对于这一点，太后自己觉得是一件值得骄傲的事。"

在一定程度上，慈禧太后还推动了京剧的发展。之前，京戏都是唱演脱节，唱的就管抱着肚子唱，只要嗓子好就行；做的只注重翻跟头、打把式，只求动作干脆潇洒。这种过细的分工，往往束缚了剧情的连贯性和人物形象的生动性。光绪末年，旦角王瑶卿打破之前的老规矩，把人物表演与唱腔结合起来，以塑造个性鲜明的人物新形象。然而，他的试验不被行内认可，唯独慈禧太后看过后发话说："大王演得好！"有了老佛爷这句话，京剧界也都纷纷琢磨，朝王瑶卿的这个方向努力了。

此外，之前戏班为了节省成本，戏服、道具等都十分简陋，但因为要进宫演戏，加上有慈禧太后的赏赐，各大戏班的行头立刻鸟枪换炮，变得讲究起来。据说，谭鑫培和杨小楼在德和园大戏台首次上演了《连营寨》后，慈禧太后十分喜欢，她特意让人到江南为这幕戏定制了全部行头。慈禧对行头的讲究，也带动了晚清京戏服饰的改良创新，舞台效果也上了好几个档次。

正因为慈禧太后对京剧的喜爱，才使得艺人的地位大为提升，京剧行业大为繁荣。从这个角度上说，慈禧太后不愧为晚清京剧发展的"至尊推手"。

清朝版"舞林大会"

在古代，宴会就是大型歌舞现场，正所谓"钟鸣鼎食"，贵族吃饭是要听美妙的伴奏和欣赏舞蹈的。那么，清代的宫廷乐舞有哪些呢？

清代宫廷乐舞主要有三种，分别是宴乐队舞、四夷乐舞、雅乐佾舞。不过，让人意外的是，这些舞蹈的演员基本都是男人。

宴乐，顾名思义，就是皇家大型宴会配备的娱乐项目，这个场合的舞蹈一般都是"庆隆舞"。"庆隆舞"原名"玛克式舞"，又译作"莽势舞"，是满洲人在重大喜庆宴会上的舞蹈，清朝建立后，自然而然地将这种传统带入了宫中。

公元1710年，康熙的嫡母孝惠章皇后博尔济吉特氏正逢七十大寿，57岁的康熙就特地跟礼部打招呼，说他要亲自跳这支舞为太后庆贺。孝惠章皇后生日当天，王公贵族们聚在一起，吃吃喝喝，好不热闹，只见康熙手舞足蹈地跳到了太后跟前，并双手捧着美酒，奉上祝寿词，恭祝嫡母千岁万福，把宴会推向了最高潮。

"庆隆舞"后来分为了文武两部分，文的代表文成之德，寓意是"欢喜而舞，庆功颂德"，所以叫"喜起舞"，武的则是彰显武功威风的，叫"扬烈舞"。光看作用我们都可以想象，文舞和武舞的动作幅度差别一定很大。

"喜起舞"的舞蹈演员大多都是王公贵族，最起码也要一等大臣和侍卫，所以，这支舞只在重大场合献给皇帝和太后。整场舞起初定制是18人，乾隆时又增加了4人，最终定型为22人。舞蹈演员排成两列，一对一对地并肩上前表演。经典动作是一条手臂放在额头前晃动，一只手放在背后舞动，非常简单易学。同时，表演者嘴里还要念念有词，先陈述清朝建立开创的艰辛，然后给皇帝和太后说祝福词和吉利话。

因为是隆重场合，"喜起舞"的服装也有规定——朝服，朝冠，朝珠，朝带，身上还要别上弓箭，虽然是文舞，也要体现英勇形象。舞蹈过程中，伴奏的有66人，分别用琵琶、三弦、琴、筝奏乐，伴唱的也有13人。

"喜起舞"虽然大部分时候是由男人跳，但女人也默默地学下了它的舞步和动作。孝圣宪皇太后在过60和70岁生日的时候，乾隆效仿爷爷康熙，率领后妃、皇子、皇孙等人，到寿安宫给太后祝寿。一家子挨个儿送上祝福词、奉上茶水点心之后，乾隆便拉着大家当着太妃、太嫔等太后老姐妹的面给太后跳了一出"喜起舞"。古代二十四孝图里有一幅《戏彩娱亲》，康熙和乾隆二帝也算照搬了。

比起文舞的斯文，"扬烈舞"要激烈很多。"扬烈舞"本质上是一出人与自然的对战戏，改编自满族人在东北一带发生的真实故事。据清代姚元之编著的《竹叶亭杂记》说，居住在黑龙江流域的达斡尔族自古不肯归服朝廷,但他们特别害怕当地一种专咬马腿的怪兽。清初,满族人来到达斡尔族住地,踩着高跷,骑着假马,射杀了怪兽,达斡尔族自此视满族人为神灵,并归服于清王朝。据此事而编排的"扬烈舞"最能展现满族人的骑射武功及慑服他族的"武德"。

"扬烈舞"一共有40个表演者,其中32人扮演怪兽妈狐子,戴着表情可怕的面具,剩下8人代表英勇的猎人。作战大戏变成舞蹈后,两边演员的舞蹈动作就变得相对柔和了许多,比如,32头妈狐子进场的模式,就是模仿野兽翻跟头,蹦蹦跳跳,东张西望,而8个勇敢的猎人则踩着高跷,佩戴弓箭,骑着假马入场,一派骁勇善战的武者气象。

这场舞蹈共有远望、追踪、行围、神武之功、猎成五个部分,先是一名眼神敏锐的猎人发现了躲藏的妈狐子踪迹,于是紧随其后,大家一拥而上对妈狐子群进行围猎,经过几轮周旋追逐,有人率先瞄准发箭,一头妈狐子应声倒地,其他挥剑、弄棍、耍大刀的猎人各自完成舞蹈动作,围观的妈狐子见状,早已瑟瑟发抖,纷纷跪地求饶,表示顺从。一出热热闹闹的舞台剧完整落幕。

在凯旋的盛宴上,32个妈狐子其实代表了侵犯清朝疆土的外族,8个身穿戎装,踩着高跷,骑着"高头大马"的猎人象征了八旗,他们虽然人少,却勇敢地捍卫了祖国和家园。而那些望风而降的妈狐子,则寓意完全不用大动干戈和赶尽杀绝,所谓一方服而天下服,这就是清朝追求的"武德"。

"扬烈舞"的伴奏团队规模也不小,有弹奏奚琴和古筝的各一人，掌控节拍的司节、司拍、司抃各16人，另外还要配备18个跳"喜起舞"的在其中伴舞。加起来要百来号人才能完成。

后来，乾隆在"喜起舞"和"扬烈舞"的乐谱基础上又作了新词，编出了"世德舞"和"德胜舞"，就相当于一首曲调有两种歌词，舞蹈的动作也没有变化。所以，《清史稿》里说，庆隆、世德、德胜"三舞同制"。不过，新编的歌舞因为歌词改了，所出现的场合和寓意也大不相同。"世德舞"用于筵宴宗室，歌词内容主要是"追思世德，敬念先猷"；"德胜舞"创作于清朝对西域的一次作战凯旋之际，所以歌词内容主要是歌颂战功。

除了这种给内部人员欣赏的乐舞，清朝也有用来招待外宾的外族歌舞团，这是历代沿袭下来的"四夷乐舞"。"四"代表四方，而不是定数，"夷"是中原王朝用来代指外族的一种蔑称，"四夷"说的就是清朝的周边部族。清朝在南征北战的过程中，获得了周边各部族的音乐典章，于是在宫廷设四夷乐舞，既让皇宫充满异域风情，也可以招待外来访客。

首先是蒙古乐曲，然后是回部乐舞、朝鲜国俳舞、金川乐等。金川乐是乾隆征讨平定大小金川时获得的，后来西藏班禅额尔德尼来朝时也献上藏族的乐舞，乾隆便让专业的歌舞团将两者合编，就成了番子乐。另外，廓尔喀乐舞、缅甸国乐、安南国乐等，也都是乾隆靠武力征来的乐舞。

宫廷乐舞之外，清朝还有祭祀时用的大型佾舞。佾舞也有文武之分，名字很随意，文的叫"文德之舞"，武的就叫"武功之舞"。这些佾舞适应的场合有天坛大祭、祈谷大祭、地坛大祭、太庙祭祀、社稷坛祭祀、朝日坛祭祀、夕月坛祭祀、帝王庙祭祀、文庙祭祀、先农坛祭祀、太岁坛祭祀等场合，表演者均是清一色的男人，全程庄严肃穆。

　　除去这些国家级大型正式场合的乐舞，清朝宫廷其实还有一些个人色彩稍浓的舞蹈，比如有《秧歌》《太平腊鼓》和《龙灯》等，据光绪年升平署档案记载，凌通、广福、吉升就是清代宫廷的秧歌舞蹈老师。因为秧歌相对于高阶贵族来说不那么文雅，女性学起来，总有点丑角的感觉，所以，学秧歌的基本都是太监，他们学会这些热闹的舞蹈，就是为了在节假日为皇族们表演，博大家一乐而已。

清朝人的冰嬉盛典

　　每年的寒冬腊月，北方的湖泊都凝结成了天然的滑冰场。很多人都会穿上溜冰鞋，在冰面上自由滑行。这样的乐趣，现代人有，古人也有。

　　在古代，类似的冰上运动被称为"冰嬉"。早在隋唐时期，北方民族就有乘木马在冰上飞驰的记载。宋朝时，出现了一种由人力拖动的冰床，可供数人乘坐。明清时，冰嬉被列为宫廷体育活动。明朝万历年间，太监刘若愚在《明宫史》中说：皇城内北安门外有河，冬至冰冻以后，以木作平板，放上胡床或铺上草垫当坐具，一人在前引绳，可拉二三人，行冰上如飞。明世宗嘉靖三年（1524）正月十六日，皇太子自宫中往见，即坐冰床过河。

　　明宫词中也有关于冰嬉的描述："琉璃新结御河冰，一片光明镜面菱。西苑雪晴来往便，胡床稳坐快云腾。"《倚晴阁杂抄》中也有记载："明时积水潭，常有好事者联十余床，携都蓝酒具，铺氍毹（音同"渠书"）其上，轰饮冰凌中以为乐。诚豪侠之快事也。"

　　清朝时，冰嬉活动更加发达。毕竟，满人来自白山黑水间，冬天非常寒冷，擅长冰嬉也是环境所致。早在努尔哈赤时期，他统帅的军队就以擅长冰上行走而著称。据《清语择钞》记载，努尔哈赤率部远征巴尔特虎部落时，"时有弗古烈（满人首领）者，所部兵皆着乌拉滑子（满语，滑冰工具，类似今冰鞋），善冰行……一昼夜行七百里"。这种冰上快速奔袭的作战技能，令八旗军队如虎添翼。

据《满洲老档秘录》记载，天命十年（1625），努尔哈赤在盛京附近的太子河上举行过一次盛大的冰上运动会，这大概是历史上最早的一次冬季运动会。当天，努尔哈赤率各贝勒及汉人官员等（还有女眷）到太子河冰上观赏踢球之戏。踢球结束后，又举行速滑比赛（包括男女），先到者有奖，各赏赐银二十两、十两不等。比赛过程中，不时有人摔倒，引得众人大笑，场面十分热闹。最后，努尔哈赤命杀牛宰羊，众人饱餐一顿，欢笑而散。

清朝前期，顺治、康熙、雍正三朝对冰上运动的记载不是很多。康熙朝名臣高士奇记载在金鳌玉蝀桥两侧曾举行冰嬉，一种为拖床，木板下面放上滑棒，一人在前面拉，拖床上可以坐三四人；另一种是冰上掷球之战，一群人分成两队，一支队伍有几十人，用皮做球，高抛空中，在空中争球，夺球者得分。

到乾隆朝，情况就大不一样了。乾隆还是皇子的时候，曾写有诗句："破腊风光日日新，曲池凝玉净无尘。不知待渡霜花冷，暖坐冰床过玉津。"这说明他是坐过冰床的。乾隆继位后，冰嬉运动迅速发展。乾隆七年（1742）十二月，乾隆奉请

清金廷标《冰戏图》

崇庆皇太后一起观赏冰嬉，这也是乾隆朝首次宫廷冰嬉活动。此后，每年一过冬至，乾隆必随侍母后到西苑三海观赏冰嬉，冰嬉大典由此成为定制。据记载，崇庆皇太后乘坐黄色锦缎棚盖冰橇，由八名大内精壮勇士推曳至三海。在皇后嫔妃的簇拥下，太后身着狐裘貂褥坐在辇中观看冰嬉表演。乾隆也带着王公大臣坐在冰床上观赏，场面十分隆重、热闹。

乾隆还将冰嬉与满语、骑射、摔跤并列为"四大国俗"，他写过一篇《冰嬉赋》，绘声绘色地描述了冰嬉的历史和盛况。按规定，每年十月开始，满蒙汉八旗还有内务府三旗，每旗抽200兵丁进行冰嬉训练，冬至后举行校阅。这个人数，比现在冬奥会运动员还要多。

乾隆朝时，冰嬉活动的管理机构名为"冰鞋处"，专门进行冰上训练的临时部队叫"技勇冰鞋营"。每年校阅期前，"冰鞋处"从各旗选拔优秀者组成"技勇冰鞋营"，集中训练后参加冰嬉表演，接受皇帝校阅。校阅期过后，各兵丁返回自己所在旗。这有些类似于现在的集训队。

"冻合琉璃明似镜，万人围看跑冰来。"北京故宫博物院藏有一幅作于乾隆时期的《冰嬉图》，用细致的笔法描绘了乾隆在北海太液池观赏冰嬉的情景。从图中可以看到，参演的兵丁按翼形排列，分为两队，每翼设头目12人，着红、黄马褂，普通兵丁则穿红、黄齐肩马褂，并按旗籍在背上插有正黄、正白、镶黄等小旗。在一米多宽的冰道上，各兵丁按各自所在旗的顺序，以单纵列的方式集体滑行。各兵卒之间，前后距离大致相等，人数虽多，队形丝毫不乱。在滑行过程中，一些身怀绝技的兵丁还会做出各种动作，如燕子戏水、大鹏展翅、金鸡独立等，可谓千姿百态，尽显神通。这一宏大的画卷，具体而生动地再现了当时冰嬉大典的盛况。

通常来说，从每年十二月初一开始，乾隆开始按旗分日检阅冰嬉，直到全部表演结束为止。这种活动，更接近于一种军事上的检阅，而不能理解为娱乐活动。检阅后，乾隆会对参演队伍进行奖励，其中分头等3名，赏银10两；二等3名，赏银8两；三等3名，赏银6两。其余兵丁，只要是参加表演的，每人都可以获得4两赏银。

每年的冰嬉大典，不仅是乾隆冬日里的一项重要政务活动，同时也是提倡孝道的一大表现。冰嬉的最后一天，一般安排在腊月初八，这天主要由内务府三旗兵丁表演，娱乐性质高于军事目的。这天乾隆会亲奉皇太后观看冰嬉，在京的大臣与前来朝贡的藩属使臣，也有机会一同出席。根据冰面情况，乾隆检阅冰嬉的地点并不固定，有时在五龙亭、阐福寺，有时在

清张为邦等《冰嬉图》（局部）

琼华岛、遐瞩楼，有时也会在瀛台。但有一点可以肯定，西苑三海的寒冬腊月，一定是热闹非凡的。

冰嬉之日，在大臣和侍卫簇拥下，乾隆乘坐大冰床御驾亲临。冰床状如龙舟，上设一方形木棚，金漆宝顶，饰以彩缎。棚内设雕龙宝座，两边装有玻璃窗，以便乾隆观赏冰床之外景象。当时，冰嬉的项目很多，竞赛性很强，包括抢等、抢球、转龙射球、摆山子、冰上杂技等。

冰嬉的第一个项目是抢等，类似现在的速滑比赛，以先到达终点为胜利。据时人记载，参赛者在距离乾隆冰床两三里处起跑，"所着之履皆有铁齿"，待一声炮响，各选手"流行冰上，如星驰电掣，争先夺标取胜"。抢等的终点线，就设在乾隆所乘冰床前。换句话说，参赛者最后的冲刺决胜，就在皇帝眼前。乾隆本人非常喜欢这项比赛，每次都乐此不疲，并亲自赏赐胜利者。

接下来的项目是抢球。抢球也叫掷球、革戏或圆鞠，这个比赛对抗性强，争夺十分激烈。据《养吉斋丛录》中的记载，抢球比赛时，参赛者分成红、黄两队，共同争抢一个皮球，类似冰上橄榄球比赛。比赛规则是，参赛队员各穿冰鞋，但不许用脚踢，而只能用手抢夺投掷，以谁抢到的次数多为胜。抢球所穿冰鞋，不同于现代冰鞋底下是冰刀，而是带钉防滑的特制鞋，类似于短跑的钉鞋。

冰嬉大典中的重头戏转龙射球，是将速滑和射箭融入冰嬉，具有军事竞技的性质。按规则，参赛八旗各出一队，每队分成若干小组，以一人执小旗作为前导，二人执弓箭随后，大约有四五百人盘旋滑行于冰上，远远望去，蜿蜒如龙。在乾隆冰床前，设有高大的旗门，上悬一球名"天球"，下置一球曰"地球"。参赛队员滑近旗门后，一射天球，一射地球，中者有赏。可以想象，在飞速滑行的过程中，四五百人连续张弓射箭，场面有多精彩了。

作为冰嬉大典中必不可少的项目，摆山子类似于滑冰场上的分列式、摆字表演。在宽广的冰场上，身着红、黄服装的两队队员，分别从三座旗门下穿过，形成两个卷云形的大圈，场面蔚为壮观。行进过程中，队员还做着不同的动作。这一场景在《冰嬉图》上有充分展示。

从《冰嬉图》也可以看出，乾隆时期涌现了许多身怀绝技的花滑表演者，能叫出名的特技动作包括金鸡独立、哪吒探海、燕子点水、洞宾背剑、青龙回头、鹞子翻身、仙猴献桃、童子拜观音、双飞舞跑、大蝎子、双飞燕、千斤坠等等。此外，还有手持器械的冰上杂技表演，如翻杠子、爬竿、飞叉、耍刀、使棒、弄幡等，表演者在竿上、杠上、肩上、臂上展示单双足直立、倒立或扯旗等高难度技艺。

此外还有打滑挞的项目。据陈康祺在《郎潜纪闻》中的记载，打滑挞是"先汲水浇成冰山，高三四丈，莹滑无比。使勇健者着带毛猪皮履，其滑更甚，从顶上一直挺立而下，以到地不仆者为胜"。这一项目有些类似于现在的高山滑板滑雪，不过难度更大。

在官方的大力推动下，冰嬉运动在民间也风行一时。虽然不能和皇家冰嬉队相提并论，但民间爱好者水平也不弱，各种项目五花八门，姿势技巧推陈出新。清朝覆亡前，北海为皇家禁苑，百姓滑冰多在什刹海、后海或积水潭，还有就是外护城河。据《帝京岁时纪胜》及笺补记载，每到寒冬之时，"都人于各城外护城河下，群聚滑擦"，"什刹海、护城河冰上蹙鞠，则皆民人练习者"。当时有首《冰鞋》诗是这样描写初学滑冰者的："往来冰上走如风，鞋底钢条制造工。跌倒人前成一笑，头南脚北手西东。"读罢令人不禁莞尔。

　　清代文人墨客有不少咏诵冰嬉的诗文。如诗人宝廷在《冰鞋》诗中的描绘："朔风卷地河水凝，新冰一片如砥平。何人冒寒作冰戏，炼铁贯韦当行縢。铁若剑脊冰若镜，以履踏剑摩镜行。其直如矢矢逊疾，剑脊镜面刮有声。"再如《清宫词》中的描述："冰莹点点放银光，箭镞闪闪似飞蝗。健儿猿臂献身手，彩球飞落报君王。"

清金昆等《冰嬉图》（局部）

　　作为皇室主导的冰上体育运动，清朝冰嬉大典的规模在中国古代可谓绝无仅有。乾隆朝后，嘉庆、道光二朝仍按惯例举行冰嬉大典，直到道光二十年（1840）停阅。咸丰朝后，由于清朝内外交困，国力衰颓，冰嬉大典即不复再见。清人宝廷写诗云："忽忆当初全盛时，冬宫春园岁迁移。隆冬雪霁每巡幸，液池冻合呈冰嬉。"在宝廷的时代，乾隆盛世时的繁华已成过眼烟云，再也回不去了。光绪年间，慈禧太后曾命神机营选拔旗兵组成"冰鞋队"，表演时预先在冰面上用石灰摆成"万字不到头"图案或"天下太平"字样，冰鞋队员手持五色彩旗鱼贯而行，组成各种队列和花样，但这只是夕阳晚照，聊胜于无了。

　　民国时，北海等皇家园林对外开放，民众冰嬉的地点从外三海、护城河等地扩至内三海，冰嬉这项运动也一度焕发了新的生机。据石继昌《春明旧事》中说，在20世纪三四十年代时，北海冰场上常有一银须老者滑行冰上，只见他姿势潇洒，技术娴熟，众人为之喝彩。据说，此老名叫吴桐轩，乃是当年慈禧太后选拔的冰鞋队员。

行酒令怎么玩？贾宝玉来示范

　　通常来说，酒令分雅令和通令两种，玩雅令的一般是文人雅士、大家闺秀等有文化素养的人，因为行雅令时必须引经据典、分韵联吟，要即兴构思、立即应对，这就要求行令者必须饱读诗书，腹有文章，而且要才思敏捷，反应迅速机智，所以是比较难的一种酒令。通令则是贩夫走卒都可以行的令，玩法简单，通俗直接，输赢立见，如掷骰子、划拳等。

　　古代的文人，喝酒是很文雅的。《红楼梦》里就记载了当时的很多酒俗、酒令。酒令早在汉唐时就已经形成，到后世更为盛行。

　　在《红楼梦》前八十回中，有五个地方写到了行酒令，每一处都十分生动形象。比如在第二十八回中，贾宝玉与薛蟠、冯紫英、蒋玉菡等人共同赴宴。席间，贾宝玉提议大家行酒令助兴。按照当时酒令的规则，得先推举席间一人为令官，令官发令后，大家轮流行令，或说诗词，或说联句，或者猜谜，违令或是输了的，就得罚酒。

　　因为是贾宝玉提的酒令，所以令官就由他来充当，他提出的玩法是："如今要说'悲愁喜乐'四字，却要说出'女儿'

来，还要注明这四字原故。说完了，饮门杯。酒面要唱一个新鲜时样曲子；酒底要'席上生风'一样东西，或古诗旧对，四书五经成语。"

贾宝玉整天在女儿堆里厮混，他出的这个酒令叫"女儿令"，也就是说，每一句的开头都要带"女儿"两字；"饮门杯"的"门杯"，指的是每人面前的一杯酒，以区别于罚酒；"席上生风"也是一个酒令名，意思是令中的关键字眼，必须是与当前筵席有关的人或物。

如此一来，贾宝玉提的这个酒令其实是"令中有令"，两个酒令套在了一起，应该说是难度很大的。这不，不学无术的薛蟠听后立刻跳了起来，说："我不来！别算我，这竟是捉弄我呢！"

贾宝玉却不理他，自己先开了个头："女儿悲，青春已大守空闺。女儿愁，悔教夫婿觅封侯。女儿喜，对镜晨妆颜色美。女儿乐，秋千架上春衫薄。"并唱道："滴不尽相思血泪抛红豆，开不完春柳春花满画楼，睡不稳纱窗风雨黄昏后，忘不了新愁与旧愁。咽不下玉粒金波噎满喉，照不尽菱花镜里形容瘦。展不开的眉头，挨不明的更漏。呀！恰便似遮不住的青山隐隐，流不断的绿水悠悠。"饮完门杯，拈起一片梨来，说道："雨打梨花深闭门。"

贾宝玉起的这个头太厉害了，一下就奠定了酒宴的品位、基调。接着，冯紫英、蒋玉菡还有陪酒的妓女云儿，都用酒令表达了自己对女子情感的体会与感悟，他们说的酒令水平不一，但都体现了各自的身份和经历。五人当中，唯有薛蟠丑态毕露，他逃席不成，又多次打岔，轮到自己行令时，用词低俗下流，唱曲不成腔调，最后被众人喝止。

接着，在第四十回"史太君两宴大观园"中，又出现了"牙牌令"，这是用牙牌做道具行的酒令。行令中，贾母、薛姨妈说的大多源于生活，典雅大方；刘姥姥满口"萝卜、蒜头、毛毛虫"之类的土话俚语，倒也诙谐机智，展现了她的村妇本色；至于那些富贵小姐们，引用的都是诗词名句。

第五十四回行的酒令最热闹，这是在荣国府元宵家宴上，凤姐见贾母高兴，于是提议行一个"春喜上眉梢"的令。这个令，其实就是"击鼓传花"令。击鼓传花又称"传彩球"，玩法是一个鼓、一枝花，人们随着鼓声的节奏和速度，轮流传递这枝花。等鼓声戛然而止，花停在谁手中，谁就出一节目或说令语，不然就罚酒一杯。这种酒令，场面大，声音响，随机性强，气氛紧张，比较适合人多的场合，也十分热闹有趣。

第六十二回贾宝玉过生日，这次的酒令是"射覆"。射者，猜也；覆者，遮也，藏也。"射覆"最开始是在盆碗下覆盖一物让人猜测，后来衍生为间接的语言文字游戏，玩法是用相连字句隐喻某事物，让人猜度，猜不出或猜错，都要罚酒。

据说，早在汉代，皇宫中就流行这种游戏，所以薛宝钗说："把个令祖宗拈出来了！射覆从古有的，如今失了传，这是后纂的，比一切的令都难。"与其他酒令不同的是，射覆只要两个人就可以玩了。

在第六十三回中，大观园的姑娘们玩的是"抽签令"，这种酒令比较简单，就是每人轮流摇抽一支令签，然后按签上写的饮酒方式、人数、杯数等要求做就可以了。这一次，姑娘们玩的是花签，即以各种花卉为名的令签。在同一回中，贾宝玉还与丫鬟们玩了"骰子令"，就是比点数，不必多说了。

清孙温《（彩绘）红楼梦》

清朝抽烟好疯狂，康熙竟是老烟民

"饭后一支烟，赛过活神仙。"这是烟民们最爱说的一句口头禅。从古至今，染上抽烟这一癖好的人可是不少，就算清朝的皇帝也一样。

《庭训格言》中，康熙皇帝曾说过这样一段话："为人上者，要想令行禁止，就必须自己以身作则，这样别人才会跟从。好比吸烟一事，虽然关系不大，但火灾往往因此引发，所以朕时时禁止。但是，朕并非不会吸烟，只是禁止别人而自己照吸不误，这如何能让众人服气？所以，朕干脆永久戒烟，以作示范。"

康熙说，他幼年在养母家时，就已经很会吃烟了。如果这是真的，那康熙的烟龄比一般人还要长得多，堪称"老烟民"了。

烟草原产于北美，大约在17世纪时，荷兰人将烟草传入中国，由此产生了第一批烟民。明末清初，烟草开始盛行，并引起了官方的关注。崇祯末年，明廷曾发布命令禁止种烟吸烟。同一时期的皇太极也曾颁布严令，凡旗人违犯禁令栽种吃卖烟草者，都按盗贼论处，枷号八日，游示八门，并罚银九两；地方上如有栽种烟草的，地方官负有连带责任，不管知道与否，都先鞭五十。

吸烟有害健康，这个道理古人也懂。在清代，很多名医就认为吸烟"熏灼脏腑""久服肺焦"，很多人咽喉肿痛失音，很可能就是吸烟引起。有些名医甚至把烟草列入毒草的行列。康熙戒烟后，就曾对大臣说："吸烟耗气，朕最厌恶吃烟之人。"

据说，康熙朝有两位大臣最爱吸烟，一个是侍讲学士史贻直，一个是工部尚书陈元龙。这两人都是翰林出身，学问很好，但嗜好吸烟。不管什么场合，他俩一向是烟不离手，视"控烟令"于不顾。

某次康熙南巡，史贻直、陈元龙二人也随驾前往。一路上，两人是吞云吐雾，好不快活。一行人来到山东曹州后，康熙决定给这两人来个小小的教训，于是当众赏他们一人一根水晶杆烟袋，并让他们当场试试。史、陈二人受宠若惊，谁料点燃后用力一吸，火星就顺着透明的烟杆直往上蹿，火苗几乎燎到了嘴唇。这下，可是把二人吓得魂飞魄散，慌忙把水晶烟杆放在了一边。在众人的大笑声中，史、陈二人出尽了洋相，此后也不敢放肆地大吸特吸了。事后，康熙传旨禁烟，学士蒋陈锡作《恭记诗》："碧碗琼浆潋滟开，肆筵先已戒深杯。瑶池宴罢云屏敞，不许人间烟火来。"

和现在的卷烟不同，清朝时的烟草分为旱烟、潮烟、水烟和鼻烟四种。四种烟中，康熙唯独不禁的是鼻烟。鼻烟是欧洲的商人和传教士带到中国的，他们先是以此为礼物，馈赠给通

康熙帝读书像

商口岸的官员，后来又作为贡品进贡给皇帝，康熙、雍正等人又将鼻烟赐给了亲贵大臣。从此，鼻烟成为清朝上层社会中价格不菲的时髦玩意儿。

鼻烟的主要原料其实还是烟草，只是烟质较好，并碾碎成末后掺入各色花露调制而成。其中，"有红色者，玫瑰露所和也；也有绿色者，蒲萄露所和也；也有白色者，梅花露所和也"。平时，鼻烟末装入特制的鼻烟壶中保存，使用时捏上少许，吸入鼻中即可。鼻烟末被吸入鼻中时，吸食者会感到一股强烈的辛辣芳香味道，以致连打几个喷嚏，所以有开通鼻塞、提神醒脑的功效。同样，闻鼻烟也有轻度麻醉作用，可缓解神经紧张、消除疲劳。如《红楼梦》里，贾宝玉见晴雯头痛，就让麝月取鼻烟来，给她嗅些，痛打几个喷嚏，就通了关窍。

鼻烟之所以风行一时，主要不在鼻烟，而在鼻烟壶。在现在的古玩市场上，仍然可以看到很多制作精美、堪称艺术品的清代鼻烟壶，而这种风气的形成，和清朝皇帝的偏好有着莫大的关系。

大体而言，清代鼻烟壶的制作是从清宫造办处开始，随后才扩展到民间作坊。康熙中期，清宫造办处已经能烧制出玻璃烟壶，此外还有更精美的铜胎画珐琅鼻烟壶和瓷质鼻烟壶。作为资深爱好者，雍正对鼻烟壶的要求更是精益求精。据记载，他曾多次下令制作鼻烟壶，并亲自确定式样。

晚清时，清朝皇帝仍有吸鼻烟的习惯。如光绪皇帝早晨起床后，一般先饮茶，接着闻鼻烟少许，然后才去慈禧太后处请安。不过，随着近代纸烟的兴起，鼻烟日渐稀少，最终接近消失。现在，有几句关于鼻烟的歇后语还在民间流传，比如"买鼻烟不闻——装着玩"，"闻鼻烟蘸唾沫——假行家"，这都是用来嘲笑假充内行的行为。

相比于鼻烟，清朝人吸食旱烟最为常见。旱烟用烟斗吸食，装烟丝的斗一般为金属制成，烟管用竹或木，"其种类甚多，约言之，有元奇、呈奇、紫玉秋等。杭州宓大昌所售者，吸时香透鼻观，为最有名"。旱烟讲究的地方主要在烟嘴，普通的用铜器或瓷器，贵重的会用翡翠白玉。旱烟的烟丝，顾名思义，是晒干的烟草，也有不同的品种，其中劲儿最大的莫过于关东烟，劲儿小的有白叶子烟。此外，"有黄烟者，产于闽，……其味香而韵，惟不易燃，呼吸稍缓即息。谚以'红''松''通'三字为吸烟决。嘉庆以前，有所谓大号、抖丝、抖绒者，每斤价一二百文，继有顶高、上高、超高之别，后又易为头印、二印、三印、四印，最贵之价，每斤至钱一千六百文"。又有兰花烟，"入珠兰花于中，吸时甚香"。

喜欢吸旱烟的清朝名人比比皆是，尤其在乾隆朝，上自皇帝、达官贵人，下至平民百姓，概莫能外。譬如乾隆皇帝，有段时间烟瘾很大，一天都离不开烟，后来突然无故咳嗽，太医诊治后说："病源在肺，恐怕是吸食淡巴菰所致。"这里说的"淡巴菰"，就是tobacco（烟草）的汉语音译。乾隆听后，命太监不准再拿这东西进来。过了一段时间，咳嗽渐渐好了，乾隆因此对烟草极为厌恶，并劝告大臣们不要嗜好此物。

烟草会让人上瘾，一旦吸惯了，要戒除也不是易事。电视剧《铁齿铜牙纪晓岚》里，纪晓岚的随身一大宝，就是那个特大烟袋，这个还真没冤枉他。据记载，纪晓岚的烟瘾极大，人送绰号"纪大烟袋"。清史笔记《芝音阁杂记》中就说："公（纪晓岚）善吃烟，其烟枪甚巨，烟锅又绝大，能装烟三四两。每装一次，可自家至圆明园吸之不尽也。都中人称为'纪大锅'。"

乾隆下"禁烟令"后，纪晓岚并不理会，每日仍拿个特大烟袋，里面贮满烟丝，张口就吸，毫不顾忌别人的感受。某日，轮到纪晓岚在四库全书馆中当值，他工作忙完，便把烟点上，刚美美地吸上两口，突然间太监宣他觐见皇上，纪晓岚一着急，便把烟袋插入靴筒，随后入朝觐见。不巧的是，这次乾隆问的事情多，没过多久，纪晓岚就觉得不太对劲，脚上隐然发热发烫，可当时被皇帝问话，又不敢乱动。又过了一会儿，他低头一看，发现自己的靴子突然冒烟，原来烟袋的火没有熄灭，把袜子给烧着了。这下，纪晓岚痛得要命，眼泪鼻涕直流。乾隆见后大惊，问他怎么回事，纪晓岚只好说："臣靴筒里走水！"

"走水"就是失火的意思。乾隆见状大笑，只好命他立刻出去解决。纪晓岚忍着痛，疾步跑到门外，把靴子一脱，腿脚早已是皮焦肉烂，好不凄惨。让人发笑的是，纪晓岚平时走路特别快，同僚们戏称他为"神行太保"。这次被烧伤后，纪晓岚走路一瘸一拐，人们又送绰号"李铁拐"。后来，乾隆让纪晓岚为"失仪"一事写检讨，纪晓岚也是好文才，援笔立就，里面有这么一句："裤焚，帝退朝曰：'伤胫乎？'不问斗。"纪晓岚借用的是《论语》里的典故，马屁拍得很到位。

乾隆帝像

乾隆心情好，便赐他烟斗一枚，准其在馆吸食，纪晓岚也得意地说，自己是"钦赐翰林院吃烟"云云。

乾隆禁烟，并没有让后来的皇帝戒烟。如道光皇帝有一首咏吸烟的戏作，其小序里说："复值春雪初晴，园林风日佳丽，日惟研朱读史，外无所事，倦则命仆炊烟管吸之再三，顿觉心神清朗，耳目怡然，昔人谓酒有全德，我今称烟曰如意。"看得出来，道光对此还是很享受的。

旱烟之外，还有潮烟、水烟。不过，这通常是妇女吸食，大老爷们是不屑于此的。潮烟，顾名思义，就是将烟草切细后加水稍润湿，这样烟劲儿小一些（吸食还是用烟管，和旱烟一样）。水烟需要借助水烟筒过滤吸食，所以比潮烟的劲儿更小一些。《清稗类钞》记载："水烟有皮丝、净丝、青条之别。皮丝产福建，净丝产广东，青条产陕西。吸烟之具，截铜为壶，长其嘴，虚其腹，凿孔如井，插小管中，使之隔烟，若古钱样，中盛以水，燃火而吸之。吸时水作声，汩汩然，以杀火气。吸者以上中社会之人为多，非若旱烟之人人皆吸也。光绪中叶，都会商埠盛行雪茄烟与卷烟，遂鲜有吸水烟者矣。"

晚清宫廷中盛行吸水烟，不管是皇帝还是后妃，都有此嗜好。当时，刚进宫的小太监要学会的第一件事，就是侍候主子吸水烟（因为水烟管长，自己是点不着的）。据太监们回忆，侍候主子吸烟是这样的：

"又比如主子吸水烟的时候，你得跪在地上，把仙鹤腿水烟袋用手握紧，小水烟袋你得站着捧在手里，随时装烟，吹纸媒儿。你得掌握好点火的时间。这件事不经过长时间留心观察，是做不好的。那时候清宫里的主子抽水烟、旱烟成了生活中的常事。一般是饭后抽水烟，平时抽旱烟，用不着主子吩咐，到时候得准备好，捧上去。"

清末，机器生产的卷烟开始在各大城市出现。比起传统的烟草，卷烟携带和吸食更加方便，没过多久，就基本取代了原来的旱烟、水烟了。

第六辑

城市生活

城门进出指南：什么人走什么门

　　在清朝历史剧中，经常会出现一个"大人物"号为"九门提督"，比如《康熙王朝》里的"铁丐"吴六一，就做过这个官。"九门提督"的"九门"，指的是哪九门？具体又有什么特点？

　　在清朝，专门负责京师警备与治安的机构，全称叫"提督九门步军巡捕五营统领衙门"。这个衙门的长官叫"步军统领"，也就是通常说的"九门提督"，北京内城九座城门的守卫和门禁都由他负责。因此，这个位置关系着整个京城的安危，如果不是皇帝信任的人，绝对不可能坐上这个职位。

　　以前老北京常说"四九城"，这个"四"，指的是皇城（也就是紫禁城）的四座城门，也就是天安门、地安门、东安门、西安门；这个"九"，指的是北京内城的正阳门、崇文门、宣武门、朝阳门、东直门、阜成门、西直门、德胜门和安定门。九门提督负责的"九门"，指的就是内城的九座城门。

　　从方位上看，"九门"的分布并不划一，东面、西面、北面都是两座城门，分别是北面的德胜门、安定门，东面的朝阳门、东直门，西面的阜成门、西直门，但在南面，却有三座城门，这就是俗称"前三门"的正阳门、崇文门和宣武门。

　　九门当中，正阳门规模最大，地位最高，原因很简单，这是"走龙车"的天子之门。在明清两代，正阳门的规格高于其他八门，一向有"四门三桥五牌楼"的说法。"四门"，指的是正阳门有四个门洞，而其他八门都只有两个门洞；"三桥"，指正阳门前护城河上的正阳桥，桥面被分成三路通道，居中的那条正对着箭楼门洞，这是只有皇帝才能通行的御道；"五牌楼"，指正阳门牌楼的规格高于其他城门，有五个开间，在京城中轴线上占据显要位置。

　　由于位置处于北京内城南垣的正中，清朝皇帝的龙车必须从正阳门出入北京城，因此，正阳门又被称为"国门"。别的不说，皇帝每年最起码有两次要进出正阳门，一次是冬至时到天坛祭天，另一次是惊蛰时到先农坛行亲耕礼。遇上皇帝出巡，车驾也必须从正阳门进出。正因为是天子出入的城门，正阳门的大门平时都是关闭的，只有皇帝来了才能打开。其他人不管是官员还是百姓，都只能从城楼两侧瓮城下的门洞进出。

　　宣武门在元朝初建时称"顺承门"，明朝永乐年间，北京城墙南段向外拓展，城门虽然已经不是原来那个城门，但"顺承门"的名字仍旧沿用下来了。明朝正统年间城楼重建，"顺承门"才改成了现在的"宣武门"。

　　和其他门相比，宣武门比较特殊。首先，城门守军训练用的护卫校场就设在宣武门外。其次，宣武门外是菜市口刑场，每次有犯人要问斩时，囚车都是从宣武门推出去的。所以，当时宣武门又被称为"死门"。您想想，宣武门派这用场，皇帝

清佚名《院本亲蚕图》之《采桑》（局部）

能从这个门经过吗？

　　据说，在宣武门箭楼的西侧（也有说在城门洞的），刑部还立了一块石碑，上面刻着"后悔迟"三个大字。因此，北京城也流传下一句歇后语："刑部的碑——后悔迟了！"可不是吗？这都要杀头了，再后悔哪儿来得及啊！宣武门被称为"死门"还有一个原因，就是当时北京的墓地多在宣武门外的陶然亭等地，所以送葬的人也多从宣武门出入。

　　清朝灭亡以后，民间曾流传一首童谣："崇文宣武各西东，左亡明，右亡清。"吴思训《都门杂咏》里也有一首竹枝词："崇文宣武各西东，拱卫神京气象雄。结束明清头一字，虽云附会亦天公。"明朝的亡国之君是崇祯皇帝，清朝的最后一帝是宣统皇帝，这两位皇帝年号的第一个字，正好应了崇文门、宣武门的头字，这就不知道是巧合，还是冥冥之中自有天注定了。

　　和宣武门对应的，是正阳门右侧的崇文门。崇文门在元朝时称"文明门"，它和宣武门一文一武，两门对应，这是按照古代"左文右武"的礼制，包含了"文治武安，江山永固"的用意。崇文门虽然"崇文"，但也"好利"，这里是明清两朝有名的税关，大小商贾都得从这进出京城，所以崇文门又有"税门"之名。另外，当年京城的美酒佳酿大多从河北涿州等地运来，运酒的车一般先进外城的左安门，再到崇文门上税。所以您问崇文门走什么车？走酒车！

　　崇文门还有两个俗称，一个是"哈德门"，据说元朝时门内曾有哈达大王府，所以形成了"哈德门"的说法。和"大前门"一样，民国时期也有一个知名的香烟品牌叫"哈德门"，名字就是从这里来的。崇文门的另一个俗称"海岱门"，和一个传说有关。据说，崇文门护城河的桥下有一个海眼，为了防止水淹京城，刘伯温建城时用了一只神龟来镇住这个海眼，以保北京城的平安。

　　说完南边三座城门，再来看看北边两座，就是德胜门（元称"健德门"）和安定门（元称"安贞门"）。德胜门，顾名思义就是打仗得胜了。不过，这里说的"得胜"，不是说打了胜仗回来，而是出兵时奔着打胜仗的期望而去。所以，德胜门以前是出征之门，走的是兵车。另外一种说法则是，北方按星宿属玄武，玄武主刀兵，所以出兵打仗一般从北门出城。

　　出兵打仗走"德胜门"就一定能打胜仗吗？倒也未必。只不过这规矩实行久了，就真有人迷信了。民国有个军阀叫王怀庆，1924年第二次直奉战争爆发时，直系军阀曹锟命令他率所部出战锦州。按说，赴锦州作战应该走东边的安定门，但王怀庆非得从德胜门绕着出城，而且挑了八月十九的黄道吉日，以求打个胜仗。不仅如此，他还特意安排了一个名叫王得胜的小军官在城门口迎候，待他一到，王得胜就跑步迎接，口中高喊："王得胜迎接将军！"有了这个口彩后，王怀庆这才带兵出征了。等出了城门，王怀庆不紧不慢，下令每天走六十里，也不管前线危急不危急。他的行军仪仗也很有派头，队伍拉长两里，最前是马队，中间派专人高擎"宣武上将军"的大红旗，王怀庆本人安坐四抬大轿，逶迤而行。结果，王部在关外吃了大败仗，最后带着残兵败将一路逃回了京城。

从地理位置上看，德胜门是北京城往张家口和塞外最方便的出口和通道，从内蒙古贩来的马匹，基本在这里交易。现在仍旧十分出名的"口外大羊"，当时也是走德胜门进北京城的。清朝时，从德胜门到马甸这条街上，就有许多"马店"专门从事马匹、牛羊肉的交易。而在历史上，蒙古也多次经这条通道侵掠北京，如明朝正统十四年（1449），兵部侍郎于谦就是在德胜门前率军大胜蒙古瓦剌军的。

关于德胜门，还有一个碑值得说叨说叨。乾隆四十三年（1778）大旱，北方庄稼颗粒无收。年末，乾隆经德胜门去明陵，时逢大雪纷飞，有"瑞雪兆丰年"的美好寓意，乾隆龙颜大悦，作御诗并立"祈雪"碑碣一通。此碑有黄顶碑楼，碑之高大，是其他诸门的石刻难以比拟的，"德胜祈雪"的典故就出自这里。

和"德胜祈雪"相对应的，是"宣武午炮"。明清两朝，北京城的官员还有老百姓都是靠钟鼓楼报时来知道时辰。1924年冯玉祥驱逐溥仪出宫后，北京的钟鼓楼就不再报时了，取而代之的是午时鸣炮。鸣炮的地点，一个是德胜门，一个是宣武门，用的是两尊退役的克虏伯野炮。

据民国《最新北平指南》中记载："午炮台有两处，一在宣武门迤东之城墙上，一在德胜门迤东之城墙上。每于日之方中，燃火药炮一声，声振遐迩，利用对时计之时刻为佳。"人称"宣武午炮"。据说，首次鸣炮因为没有经验而震塌了附近的两间民房，后来只好把这两尊野炮分开鸣放。不过，由于鸣炮的费用较大，这一做法延续了十年左右就停止了。

和德胜门相对应的是安定门，德胜门出兵，安定门班师，两座城门合着就是"旗开得胜""太平安定"的意思。

除了收兵之门外，安定门也叫"生门"，就是"丰裕"的意思，因为清朝皇帝要从这门出去，到地坛祈祷来年丰收。以前地坛附近是北京城主要的粪场，因而粪车和垃圾也多从安定门出入。从这个意思上说，安定门走得更多的是粪车，说"兵车回城"，其实是一种遮掩和雅化。值得一提的是，京城九门中的瓮城内，有八门建的是关帝庙，唯独安定门建的是真武庙，"安定真武"在各门中算独具一格。

东边的朝阳门（元时称"齐化门"），顾名思义，是"面向东方，迎接朝阳"的意思。朝阳门和它的名字一样大气敞亮，因为走的是粮车，所以城门洞顶上刻着一个谷穗儿，叫"朝阳谷穗"，这是漕粮北运的喜迎神，大吉大利的象征。过去没有铁路或大轮船这样的运输工具，北京城所需要的大量粮食都得从南方调运，而大运河水路的终点在通州，从通州将粮食装车进北京城，走的就是朝阳门。所以，朝阳门附近还保留了"禄米仓""海运仓""新太仓"之类的地名。每逢京都填仓之日，过往的粮车络绎不绝，无比热闹繁华！

　　和朝阳门比，东边的另一个城门东直门就要寒酸多了。东直门在元朝时称"崇仁门"，按以前的说法，这是京城九门中"最贫之门"，走的都是砖瓦、木材之类的车。过去，东直门外砖窑很多，南方的木材也是大多从东直门进城。东直门大街长三里多，有一百五十多家买卖铺子，茶米油盐酱醋茶，吃的喝的、用的玩的，都能在这条街上找到。所以，东直门是充满了生活气息的一座城门，它的烟火气是最足的。值得一提的是，以前东直门的瓮城庙中有个药王雕像，极为精细，时人称为"东直雕像"。

　　最后，再谈一下西边的两座城门，也就是阜成门和西直门。阜成门在元朝时称"平则门"，与朝阳门东西两方遥遥相对。因为京西门头沟、斋堂一带是产煤之地，北京城烧饭取暖的煤全都是走阜成门运进来的，所以，阜成门走的是煤车。有人觉得"煤车""煤门"不太好听，所以煤栈老板们在阜成门的瓮城门洞内捐刻了一束梅花，这样就用梅花的"梅"，把煤炭的"煤"尤其是倒霉的"霉"给遮掩过去，心理上也舒服多了。

　　西直门（元时称"和义门"）是京城九门中非常重要的一座城门，是除正阳门之外规模最大的一座城门。清朝时皇宫都是从玉泉山取水，西直门是水车的必经之门，所以这里又有"水门"

之称。为此，西直门的瓮城里有一块刻着水纹的汉白玉雕石，名叫"西直水纹"，表示这里是皇家用水的运输通道，不可等闲视之。每天清晨，天刚蒙蒙亮，皇家运水车队就会准时出现在城门口，这就是西直门"高亮赶水"的典故所在了。

古代的城墙和城门，一般要兼顾防卫和交通的功能，但随着社会的不断发展进步，城墙和城门也逐渐成为各大城市发展的束缚，古老的北京城也不例外。从民国开始，北京城的各大城门和相应的城墙就开始逐步拆除，目前唯一保留相对完整的也只剩下一个正阳门城楼，其他城门和城墙，除了个别角楼外，都已经化为了历史的烟云。

清徐扬《日月合璧五星联珠图》（局部）

宵禁：天黑请关门

　　宵禁，顾名思义就是禁止民众夜间出行。这样的规定并非清朝才有，而是历朝历代都有。据《周礼》记载，司寇的职责之一，就是指挥监督夜巡的官吏实行宵禁，这规定不但平民百姓要遵守，就连王公大臣也不得例外。如《三国志》中记载，汉灵帝有个宠爱的小黄门，他的叔父因为违反宵禁制度在夜间出行，结果被曹操下令杀掉。自此以后，京师中的官员们就没人敢再犯了。

　　以开放著称的唐朝，也同样实行宵禁制度。按唐《宫卫令》规定：每天晚上衙门的漏刻"昼刻"已尽，就擂响六百下闭门鼓；每天早上五更三点后，就擂响四百下开门鼓。凡在闭门鼓后、开门鼓前在城里大街上无故行走的，就会以"犯夜"为名治罪，笞打二十下。作为例外，为官府送信之类的公事，婚丧吉凶或因为疾病请医买药等私事，可以在得到许可后行走，但不得出城。

　　宵禁的目的，主要是防止作奸犯科、盗贼出没，对于维持朝廷安全和地方治安很有帮助，所以历朝历代都相继沿用。即便是以夜市出名的宋朝，开放宵禁的时间也并不长。唯一的例外，就是每年元宵节放灯的时候，官府才会开放宵禁三五天，以便老百姓观灯游玩。

明朝法律，改"宵禁"为"夜禁"，规定也更加明确：一更三点敲响暮鼓，禁止出行；五更三点敲响晨钟后，才开禁通行。晚上二、三、四更在街上无故行走的，笞打四十下（京城五十下）；在夜禁后、开禁前不久犯夜的，笞打三十下（京城四十下）。除因疾病、生育、死丧外，均不可通行。

通常来说，不管县城还是省城，只要有官员驻守，都要实行宵禁。至于京城，宵禁的执行就更加严格了。在清朝，实行宵禁的手段主要有两个：一是锁上城门，禁止出入，即便有紧急公务需要出城，也必须向驻军长官申领钥匙；二是在大街交叉路口竖起栅栏，栏上有门有卡，有专人看守，无正当理由不准通行。

京城内起更后，关闭栅栏，王以下官民人等，不许任意行走。夜行之人，除奉旨差遣或各部院差遣外，其因丧事、请医生等私人原因需要出行的，必须问清缘由，登记后才能放行；如无故夜行，不论旗人、民人，均鞭五十。

这就是说，只有办正经的公事和有正当理由的私事，才可以在登记后通行，如果是喝多了忘了规定，那就等着吃鞭子吧！

城市那么大，晚上这么黑，真能管得住吗？真管得住。以前的宵禁，除了关城门、竖栅栏，还有巡更打点的人。

过去，城门在天黑前都要关闭，关门前会打点。点是一种打击乐器，用铜铸成，类似桃形，呈扁平状，中间隆起，边穿两孔，悬而击之，敲起来声音很响，类似悬挂起来的铜锣。在关城门前，点要敲三遍：第一遍敲过，关上一扇城门；第二遍敲过，另一扇城门再关一半；等到敲第三遍，门关得只剩一点儿缝隙了。

因为打点的声音大、传得远，进出城的人在很远的地方听到就得使劲跑了。不然，想进城的被关在城外，想出城的被关在城内，进出不得。当然，要是城门真关了，也别太着急，还有一个办法，就是去爬"水关"。"水关"就是城池的下水道，要是赶上旱季，只要人不是太胖，还是能侧着身子从栏杆缝隙中通过的。

说到打点，老北京还有这样一句话叫"九门八点一口钟"。这是说，京城九个城门，有八个城门关门时打点，唯独崇文门关城门时敲钟。据传说，是这么回事：

北京城下通海眼，原本是四十里苦海、一片汪洋，后来一只巨鼋堵住了海眼，北京才变成了陆地。当年，刘伯温、姚广孝建北京城，修到崇文门时发现这只巨鼋正好趴在海眼上，要是不把它压住，海水就会把京城再度淹没。于是，刘伯温就趁着巨鼋睡觉时修了城楼，把它镇住了。

后来，巨鼋醒来发现自己被压住，很不高兴，就问刘伯温："你为啥把城楼压在我身上？"刘伯温把巨鼋吹捧了一番，说："你的力气大，身上驮个城楼不算什么。"巨鼋说："那我何时能翻身？"刘伯温说："当你听到打点的声音时就可以翻身了。"巨鼋心想，每天关城门都要打点，到时再说吧。谁知道，刘伯温命人把崇文门的点换成了一口钟，关城门时崇文门只打钟不打点，巨鼋也就始终翻不了身了。这就是过去北京城"九门八点一口钟"的来历。

据记载，清朝时只要钟楼敲了定更（也就是晚上8点左右），"手打梆子摇着铃"的打更人就出来了，九门提督的巡更人也出来了，各街道的栅栏也竖起来了。试想，这时的京城，哪里还有什么夜生活可言呢？

直到1924年，九门提督衙门巡更取消，栅栏相继撤销，实行了两千多年的宵禁制度才开始逐渐消亡。不过，城门还是要关的，尤其遇上打仗时，往往会提前关城门或者干脆不开城门，这也算是宵禁制度的一个残留吧。

清陈枚等《清院本清明上河图》（局部）

网格化管理，原来清朝就有了

北京的大栅栏不仅是京城最繁华的商业区，而且地如其名，是真有栅栏的。

假如各位手头有一幅《乾隆京城全图》的话，那么您就会看到，北京城里有"三多"：一是皇家建筑多，什么宫啊什么府啊，气势恢宏，很容易辨认；二是寺庙多，大大小小的寺庙全城有一千多处；三是被标为"栅栏"和"堆子"的地名特别多。

"栅栏"与"堆子"究竟是什么？它们为什么频繁出现在地图中？要解答这个问题，就得先说说清朝时北京城的治安情况了。

中国古代没有专门的警察，由军队兼管城市治安。清朝时的北京城分内、外城，内城全是旗人，外城才是汉人，所以在管理模式上又有所区别。

当时，京城内城的防卫及治安主要由八旗步军营负责，外城和京郊主要由巡捕五营负责，他们的统领就是通常说的九门提督。九门提督之下，不论是内城还是外城，都按汛界为单位进行驻守和巡防。

以内城为例。清朝时内城最里面是皇帝居住的紫禁城，紫禁城的外面是朝廷办公的皇城，皇城之外是京师八旗官兵和家眷居住的内城。因为有皇城和紫禁城，北京内城的防守自然十分严格。

大体上说，京师八旗按各自居住方位分汛驻守。这里说的"汛"，有些类似于现在派出所的概念，每汛设步军校或千总二人负责，兵力约500人。其中，皇城内各汛由满洲八旗分旗驻守，共计分汛90处，栅栏116处，分工如下：镶黄旗负责紫禁城北，设分汛10处，栅栏18座；正白旗负责紫禁城东北，设分汛11处，栅栏10座；镶白旗负责紫禁城东，设分汛10处，栅栏13座；正蓝旗负责紫禁城东南，设分汛11处，栅栏9座；正黄旗负责紫禁城北，设分汛12处，栅栏16座；正红旗负责紫禁城西北，设分汛12处，栅栏17座；镶红旗负责紫禁城西，设分汛12处，栅栏24座；镶蓝旗负责紫禁城西南，设分汛12处，栅栏9座。

皇城之外、内城以内，由满洲、蒙古、汉军八旗驻扎，共设分汛625处，栅栏1190座。分工如下：皇城北面是正黄旗、镶黄旗；东面是正白旗、镶白旗；西面是正红旗、镶红旗；南面是正蓝旗和镶蓝旗。据统计，镶黄旗界内设分汛92处，栅栏150座；正白旗设分汛85处，栅栏156座；镶白旗设分汛71处，栅栏133座；正蓝旗设分汛79处，栅栏147座；正黄旗设分汛91处，栅栏162座；正红旗设分汛62处，栅栏129座；镶红旗设分汛70处，栅栏158座；镶蓝旗设分汛75处，栅栏155座。

北京外城与京郊的防卫与治安主要由巡捕五营负责。巡捕五营归步军统领管辖，但编制上不同于八旗，属于绿营系统。

清朝初年，外城巡捕营只有南、北二营，顺治十四年（1657）增设为三营，康熙三十年（1691）改由步军统领衙门兼管，乾隆四十六年（1781）增设为五营，由此定制。大体上说，步军统领所辖兵力约三万人，其中八旗步兵营兵力约两万人，巡捕五营兵力约一万人。和内城步军营一样，巡捕五营也是按所管地界分汛驻守。其中，中营分圆明园、畅春园、树村、静宜园、乐善园5汛（每汛官兵370人至580人不等）；南营分东珠市口、西珠市口、东河沿、西河沿、花儿市、菜市口6汛；北营分德胜、安定、东直、朝阳4汛；左营分朝阳、东便、广渠、左安4汛；右营分阜成、西便、广宁、永定4汛。以上共23汛，每汛分左右哨，各以千总一人领之；每哨分头司、二司，各以把总一人领之。

分汛驻守是京城治安的基本模式，内城步军营和外城巡捕五营先是以汛为单位，汛以下再设分汛。分汛又被称为"堆汛""堆拨"或"堆子"，这个词在满语中就是"驻兵之所"的意思。一般来说，堆拨都设在城里比较重要的区域或交叉点，比如城门、粮仓或交通要道上，每个堆拨都有固定的"堆子兵"看守，通常是12人。执勤的官兵必须按时开启或关闭栅栏，如擅离汛地或弃守职责，会受到罚俸或鞭打的处罚。

关于堆拨和堆子兵，有首乐府词是这样写的："街心巷口屋一椽，枪梃插架弓矢悬。地分营哨棋局布，法本亭候臂指连。老兵佩刀兀然坐，坐倦颓然枕刀卧。"因为执勤和办公的需要，每个堆拨都在驻守区域设有一两间单独的房子，这就是所谓的"堆拨房"。堆拨房虽然不大，但它是驻守官兵休息的地方，同时也用于存放刀枪和救火器材等，并非可有可无之所。一般来说，堆拨房很容易被发现，因为它的房外架有兵器，一望即知。

上面那首乐府词，说堆拨房都是老兵，也有事实依据。当时，八旗官兵都以入选前锋营或火器营之类的主力部队为荣，那些因年纪等原因被淘汰下来的，才会被分派到步军营，因为职责轻，待遇也就比较差，主要负责维护地方治安，而不是冲锋陷阵。当然，也别小瞧了这些"堆子兵"，整个京城的安全和他们有着分不开的关系。

"堆子兵"相当于京城的耳目，他们长期驻守一方，对所辖区块和居民了如指掌。比如谁家生了孩子，谁家有红白喜事，谁出了远门，谁家来了客人，他们都看在眼里——门儿清。除了维护治安、防范盗贼外，"堆子兵"平时还要维护街面交通、预防火灾，他们白天巡街泼水，晚上打更看守，工作虽然普通平凡，但也非常辛苦。

和堆拨房相配套的，是京师图中频繁出现的"栅栏"。京城的栅栏并不是清朝首创，而是在明朝弘治年间就已经有了。随着人口的增加和街道的扩建，清朝京城的栅栏数量比明朝要多了许多。作为维护治安的基本工具，栅栏主要起隔离作用，不管是木质的还是铁质的，也不管放在街口还是巷口，便于移动、快速阻断是它的主要优点。按当时规定，每座栅栏安排有步军三人管理。在堆拨和栅栏的配合下，京城被分割成一块块的治安管理区，这也是城市网格化管理的雏形了。

随着时代的发展，京城中的栅栏和堆子早已消失在历史

清徐扬《日月合璧五星联珠图》（局部）

的尘埃中。不过，翻阅一些古代文献时，还是能看到它们的踪迹。比如《乾隆京城全图》中就能清晰地看到它们的规模、数量。当然，现在一些城市中也能看到栅栏，不过主要是作为机动车和非机动车的分隔，这和古代用于隔断交通的栅栏有区别。

　　堆拨房的遗址也残存了极小一部分，就在故宫西华门内西河沿宫墙处及东筒子两侧宫墙处。如果路过此处，眼尖的话会发现红色宫墙上有几处被回填的券洞。经专家鉴定，这些就是当年用于护军驻守的堆拨房。据说在这些堆拨房中，还发现了当年护军所作的诗文、绘画、随手小记之类。

　　除了基层治安外，步军营、巡捕营同时也兼任其他职能，包括武装警卫、人口管理及消防等。比如，皇帝出巡时需要清道和迎送，这时就需要步军衙门执行街道戒严令，堆子兵会用栅栏堵住巷口，防止闲杂人等冲撞队伍。总体而言，步军统领衙门和所部官兵虽然是军队，但职责和任务更接近于警察。只是他们的业务比较简单原始，只能算警察机关的雏形。真正意义上的警察制度，还得从清末说起。

庚子年八国联军入侵，慈禧太后带着光绪皇帝逃到了西安。兵荒马乱之下，京城大乱，形成了暂时的权力真空。为维持城中秩序，联军当局与清廷留守官员协商后，由本城士绅出面组成临时治安机构"安民公所"。

因为有洋人的介入，"安民公所"在一定程度上引进了西方管理模式，所内巡警主要协助联军管理占领区，覆盖了社会治安、公共卫生、人口管理等诸多职能，这也算近代警察制度的一个初步探索。议和完成后，"安民公所"被撤销。

值得一提的是，最先创建警察队伍的不是别人，正是袁世凯。《辛丑条约》签订后，为保证洋人的安全，京津一带不允许清军驻扎。但是，京津一带乃京畿重地，如果清军不能驻扎，慈禧太后和光绪皇帝恐怕也不敢回京了。于是，由山东巡抚调任直隶总督兼北洋大臣的袁世凯想了个高招，那就是将所部新军"化兵为警"，三千新军到天津后，立刻将军服换成警察服，接管京津一带驻防。

事后，洋人想要抗议，袁世凯却辩解说，他带来的是警察而非军队，警察是维护社会秩序的，如此做法符合国际惯例，也不违反和约规定。洋人对他将信将疑，这事也就这样糊弄过去了。近代中国的第一支警察部队就这样诞生了。

1901年底，慈禧太后和光绪皇帝从西安回銮，清廷恢复了对北京的统治，"安民公所"被改为"善后协巡总局"，次年又改为"工巡总局"，替代原步军统领衙门的巡捕营。此后，京城防卫仍由步军统领负责，其他如治安等方面的职能全部并入工巡总局，并由亲贵大臣毓朗、肃亲王善耆先后担任事务大臣。工巡总局除了以上职能，还增加了公共卫生、城市建设等职能，有些类似于市政管理机关了。

1905年10月，出洋考察五大臣在北京火车站被炸，清廷宣布成立"巡警部"，翰林出身的徐世昌被任命为首任尚书。巡警部成立后，工巡总局被改组为内外城巡警总厅，一年后，总厅又转隶民政部（由巡警部改名）。其间，巡警部开办现代警察学校，培养警察人才。自此，军、警编制正式分离，现代警察制度初步创立。

在徐世昌的管理下，京城巡警成为城市"大管家"，几乎包揽了今天"110"、"119"、"120"、城管、环卫部门、居委会等的各项工作。以公共卫生为例，巡警总厅下设卫生处，卫生处又分四股：清道股、防疫股、医学股、医务股。无论是宣传讲卫生，还是给娼妓检查身体，乃至推行厕所革命，各项事务均责无旁贷。

1908年的《北京日日画报》上有一幅《北京大街景象》，就介绍了当时的6种新景象："槐与柳两行碧青；设岗位指挥交通；太平桶以防危险；自燃灯大放光明；石子路洒扫干净；四轮车最走当中。"画中，站岗指挥的巡警成为大街一景，而实际上，以上列举的6种"景象"都在巡警职责范围之内。

作为清末新政的一部分，新式巡警的出现对老百姓来说无疑是新奇的。巡警们头戴西洋帽，身穿黄制服，腰系宽皮带，脚踏大皮鞋，手持警棍，胸挂口哨，碰到小偷小摸自不必说，即使有人往街上乱泼脏水或随地大小便，往往也会吹哨抓人。

当然，巡警看起来很新，但毕竟是由之前的"堆子兵"演化来的，他们帽子下还藏着大辫子，收入水平也和过去相差无几。清末有首民谣有这样几句："黑夜扛枪白天拿棍儿"，"巡警不如看家的狗"，"不当巡警没饭吃"。可见，当时民众还是把巡警当之前的"堆子兵"看待。

《泰晤士报》记者莫理循1897年初到北京时，抱怨这里"天气热、尘土多"，"拥挤幽闭"，令人不适；但1911年再次来到北京时，他在信中称赞"北京变样了"，尤其是巡警，"简直叫人赞扬不尽，这是一支待遇优厚、装备精良、纪律严明的队伍"。莫理循的赞叹或许有些夸张的成分，但清末新政时期的北京，确实让人看到了很多的希望。

没有京城户口，清朝人能买房吗？

最近二十年，随着房价的不断高涨，买房成为热门话题。为了抑制房价过快增长，各地出台了很多限购措施，其中最重要的标准大概就是户口了。如果穿越到清朝，买房是不是也要看户口呢？

如果在京城的话，答案是肯定的。在那时，不要说没有户口，就是有户口，在京城也未必买得了房。

买不了房主要是历史原因造成的。清军入关后，八旗人等和一般老百姓在北京城混居。时间一长，清廷发现混居不利于皇城的安全，同时也容易引发旗人和老百姓的各种纠纷。于是，清廷在顺治五年（1648）八月下令，原居住在北京内城的所有汉人迁往外城，搬迁补偿费是每间房四两银子。迁移令规定如下：

"京城汉官、汉民，原与满洲共处。近闻劫杀抢夺，满、汉人等，彼此推诿，竟无已时。似此光景，何日清宁。此实参居杂处之所致也。朕反覆思维，迁移虽劳一时，然满汉皆安，不相扰害，实为永便。除八固山投充汉人不动外，凡汉官及商民人等，尽徙城南居住。其原房或拆去另盖，或买卖取偿，各从其便。朕重念此迁移之苦，今特命户工二部，详察房屋间数，每间给银四两。此银不可发与该管官员人等给散，令各亲身于户部衙门当堂领取，务使迁徙之人得蒙实惠。……凡应迁徙之人，先给赏劳银两，听其徐为搬移，限以来年终搬尽。着该部传谕通知。"

清廷将北京内城腾空，一是为了保障皇城安全，二是为了安置大量内迁的八旗兵丁及其家眷。毕竟，将他们全部放在内城，也便于管理。等老百姓迁往外城后，北京内城就成了旗人的天下。之后，清廷以皇城为中心，将八旗分别驻扎在内城的四角八方，具体情况如下：

两黄旗居北：镶黄旗驻安定门内，正黄旗驻德胜门内；

两白旗居东：镶白旗驻朝阳门内，正白旗驻东直门内；

两红旗居西：镶红旗驻阜成门内，正红旗驻西直门内；

两蓝旗居南：镶蓝旗驻宣武门内，正蓝旗驻崇文门内。

这么一来，北京的内城成了一个大兵营，旗人就像棋盘上的棋子，只要知道他住在哪个方位，就能判断出他是哪个旗，甚至是哪个参领或佐领属下了。以镶白旗为例，根据《八旗通志初集》的记载，其驻防区域如下：

镶白满洲、蒙古、汉军三旗，与正白旗接界之处，系自豹房胡同向南至单牌楼。与正蓝旗接界之处，由皇城根向东至大城根。满洲官兵，自正白旗接界处，由东长胡同东口循大街向南，至院府胡同东口，为头参领之十七佐领居址。自院府胡同东口至长安街牌楼，为二参领之十六佐领居址。

当时所有旗人都是"朝廷"的人，他们的工作生活乃至衣食住行，都被清廷包下来了，而其中也包括房子。

顺治五年的大搬迁，有些类似八旗入关后的"圈地"，只不过这次圈的是半座城。在将内城的老百姓腾空后，清廷令工部在原有房屋基础上或整修或新建，最终为全体旗人准备了足够的公房以供分配。

就算是旗人，也分三六九等，根据不同的身份和职位来分配住房。按当时规定，旗人一品官，给房二十间；二品官，给房十五间；三品官，给房十二间；四品官，给房十间；五品官，给房七间；六、七品官，给房四间；八品官，给房三间。至于普通的旗兵，如护军、领催、甲兵等，给房二间。

清廷还规定了每间房子的标准：面阔不低于9尺，进深不低于10尺，墙体厚度以5寸为准。按当时营造尺32厘米换算的话，每间房面阔应不低于2.88米，进深不低于3.2米。据此推算，每间房的建筑面积不低于9平方米。

由此可知，当时的旗人是"公家人"，他们可以分到免费的公房，所以也就不需要买房了。当然，正因为是公房，所以旗人也只有居住权而没有所有权，他们居住的房子也是不能转卖的。八旗兵丁被调往其他城市驻防的话，家眷也会随同前往，之前所住的房子就会被重新分配；旗人官员要是因为犯罪而被罚没家产，房子也会被收回。

旗人是由满洲八旗、蒙古八旗和汉军旗三部分组成，满洲八旗、蒙古八旗和汉军旗相互通婚，不与外人发生关系，由此形成了特殊群体。清朝时的北京城，如果不熟悉的人见面打招呼，往往会问一句："您在旗呢，还是不在旗？"如果回答

清徐扬《日月合璧五星联珠图》（局部）

"在旗"，那就是旗人身份了。

　　在明朝时，北京城也分民户、军户、匠户和皇室服务人口四种户籍，清朝时内外城形成了旗人、民人两类不同的户籍。按清制，"八旗无分长幼男女，皆注籍于旗"，满、蒙、汉军八旗下设若干参领，每参领下设若干佐领，从而形成八旗及旗下所属参领、佐领共同构成的八旗人户管理体系，其中佐领（包括管领）是八旗户口管理与编审统计的基本单位。八旗所属户口每三年编审一次，一向"深严邃密"，不"轻以示人"。由于旗人集中聚居内城的局面维持了两百余年，这也为八旗人口的户籍管理提供了便利条件。

　　旗人生下来就有一份俸禄，被称为"铁杆庄稼"，一辈子干的就是当兵派差的活。随着社会日趋安定，人口不断滋生，朝廷给的俸禄毕竟有限，到康熙年后，也不是所有旗人都能当上兵、派上差，所以户口管理上也变得越来越严格。试想，就这点钱粮，旗人自己都觉得不够，怎么肯让外人来分一杯羹呢？

旗人除当兵放差外不准从事他业，但旗人平时也得生活，所以内城的各种商业性活动，如舂米、挑水、运煤之类，还得外城的民人来提供。民人白天可以进入内城，但到了晚上就必须离开，不得在内城过夜。当然，有些商人在内城开了店铺，如果每天晚上关了铺子，第二天一大早再赶过来的话，会给内城的旗人带来很大的不便。因此没过多久，"民人不得在内城过夜"的禁令就成了一纸空文。

清朝前期，清廷曾多次颁布严旨，禁止汉人购买旗产，也禁止旗人购买民产，其中既包括了田地，也包括了房屋，这就是"满汉不婚"之外另一条重要禁令——"旗民不交产"。

所以，民人可以在内城设立商铺甚至过夜，但买卖房子还是不行。原因很简单，内城旗人住的房子都是公房，没有所有权，只有使用权，买卖手续无从谈起；再有就是，内城的旗人都是按旗、按参领、按佐领分片居住，就算有人偷偷买下来也不敢去住。试想，这周边都是旗人，突然跑出一个陌生人，当然马上就会被举报，给抓起来了！

老北京的内城基本在现在二环以内，也就是现在北京城最中心、最昂贵的地段。但很可惜，清朝时的民人不能去内城买房。那么旗人之间可以相互买卖吗？这倒不是完全不行，而是有一个过程。

　　康熙年间，随着旗人人口的不断增长，之前分配的房屋逐渐不敷使用。对于比较零散的住房要求，清廷不再像顺治朝那样实行统一分配，而是改发现钱，让旗人在所属旗界内自行建造。乾隆时期，从东北归入的"新八旗"索伦、厄鲁特等部旗众来到京城，需要大量房屋，于是清廷在分配政策上有所松动，他们可以选择工部建造的房屋，也可以由清廷出钱，在所分旗界内自己买房，或者在拨给的官地上自己建房。

　　清廷在房屋政策上的松动，其实在雍正末年就开始了。雍正十一年（1733），清廷出台了一项"房改"政策，就是可以自己出钱将公房买下，变成私产。这样的话，就不会因为调防或其他原因失去自己居住已久的房屋了。

　　为了避免有些旗人通过房改牟利，清廷还特别规定，"一人名下认买二三所，或指他人名姓认买者，概行禁止"；"若将认买之房希图获利，本身并不居住，全行拆卖者，永行禁止"。也就是说，一户旗人只允许认买一所公房，严禁冒名购买；买了之后，严禁高价转售，借以谋利。当时，也有一些旗人表示反对，因为房价虽低，但也有很多人一次性拿不出那么多钱来。好在乾隆即位后，又出台了分期付款或从俸禄里分期扣款的政策，这次的房改才得以推行下去。公房变私房后，旗人之间的房产交易也就顺理成章了。

　　乾隆年后，"旗民不交产"的禁令也被逐渐打破。随着内城人口的不断膨胀和政策的松动，一些旗人也开始在外城偷偷买房建房，这些房产无疑和一般民人的房屋一样，都是可以交易的。

　　清朝时有被称为"房牙子"的房产中介，会帮上家下家撮合整个交易。等到买卖确认，买卖双方还得上衙门盖大红戳，这叫"红契"，表示官方认可了房屋产权的转移。当然，盖戳也不是没有代价的，得交房屋总价3%的交易税。完成了这一步，就算交易成功了。

　　清朝覆灭前，旗人仍以住内城为主，但在外城买房建房的也有；因为开店等原因，民人有住在内城的，但向旗人买房的十分少见。因此，真正打破北京城"旗民分治"局面，还是民国时的事了。失去了"铁杆庄稼"的旗人们，别说卖房，就是昔日显赫一时的王府，也大多转入了民人之手。

房价太高租房难，曾国藩比你还难！

对现代人来说，买房是一个热门话题，所有生活成本中，房价是最高的。房价的问题，不仅现代人要面对，古代人也同样绕不过去。

唐代三大诗人，李白漂泊一生，就从来没买过房；杜甫买不起好房子而只能盖茅屋，结果还被秋风所破，由此发出"安得广厦千万间，大庇天下寒士俱欢颜"的感叹；作为诗坛后辈，白居易刚到长安时，被前辈拿他的名字打趣："长安居，大不易。"后来的事实证明，在京城生活确实很艰难，所以白居易写下这样的诗句："游宦京都二十春，贫中无处可安贫。长羡蜗牛犹有舍，不如硕鼠解藏身。"

由此可见，大城市里的"蜗居"生活，早在唐朝就已经开始了。

在京城里安身立命，什么时代都不容易。被称为"中国最后一个圣人"的曾国藩，就是其中一例。

曾国藩出生于湖南普通的耕读家庭。道光十八年（1838），27岁的曾国藩中进士并拨入翰林院深造。道光二十年（1840），经散馆考试，曾国藩被任命为翰林院检讨。翰林院检讨是多大的官呢？不大，不过是从七品的小京官。

清朝官员的俸禄很低，按规定，一品官的全年俸禄为180两银子，到七品官，就只有45两了。雍正搞"养廉银"制度时，大大提高了地方官员的收入，但对于京官，因为本身办公费不高，所以没有养廉银而只实行"恩俸"，就是在原来俸禄的基础上加倍，比如曾国藩本来的俸禄为45两，加恩俸的话就有90两的收入了。

京官还有一点和地方官不同，那就是京官有禄米。按规定，京官每正俸一两配发禄米一斛，也就是说，曾国藩正俸45两，配发禄米45斛。那么，这45斛禄米值多少钱呢？大概30两。这样算下来，初入官场的曾国藩，一年总收入在120两银子左右。

此外，京官还有数目不等的"公费"（即办公经费），但数额极低，一品大员每月不过5两银子，从七品翰林的公费为一两半，一年能拿到手的大概10两。加上这项，曾国藩全年收入在130两左右。

外省人到京城做官，首先遇到的是住房问题。遗憾的是，清朝京官在这问题上没有什么优势，他们既没公房也没住房津贴，要么自己买房，要么只能租房。由于当时京城房价高，加上做官的流动性又比较大，所以多数人尤其是刚入职的新官员通常选择租房。

清朝京官租房大多集中于宣南，也就是现在的宣武门外一带。一是宣武门外离正阳门不远，在此居住上朝办公路途较近；二是外省人进京，通常由卢沟桥入广安门，落脚宣南最为便利；三是宣南一带风景不差，有陶然亭、窑台及历代古刹名寺等可供吟咏集会；四是宣南房产比较多，选择余地较大。因此，夏仁虎《旧京琐记》说："旧日汉官，非大臣有赐第或值枢廷者，皆居外城，多在宣武门外。土著富室则多在崇文门外，故有东富西贵之说。"

最开始，曾国藩暂住于宣武门外椿树胡同的长沙会馆（长郡会馆），不久又在菜市口附近的南横街千佛庵租了四间屋子，每月租金四千文（折全年33.5两银子）。之所以如此，主要因为曾国藩还是翰林院庶吉士，租住庵寺、安静读书也不失为经济而恰当的选择。道光二十年（1840）七月，已被授为翰林院检讨的曾国藩生病，因在千佛庵乏人照料而搬到骡马市大街南果子巷外万顺客寓（恰巧郭嵩焘来京应试，便与欧阳兆熊

清陈枚等《清院本清明上河图》（局部）

一起加以关照）。十月初，病愈后的曾国藩在果子巷南头贾家胡同内鞑子营关帝庙内租了一个三开间的小跨院，院中花木扶疏，颇为宁静，既符合他的京官身份，也适合病后休养。

不久，因为家眷还有弟弟曾国潢、曾国荃、曾国华陆续来京，曾国藩不得不寻找一处较大的宅院。十二月，曾国藩在骡马市大街北的棉花六条胡同租了一处四合院，全年租金67两白银。这样一个独门独院的四合院，租金着实不低，已占他全年薪俸的一半了。

道光二十一年（1841）七月，同为京官的老乡王继贤前来拜访曾国藩。王继贤是京城知名的风水大师，他一进门，左右打量了一下，就连说此地风水不好，吓得曾国藩连忙另外找房，最后在菜市口绳匠胡同找到一个更大的四合院。这个四合院比之前的宽敞大气，但租金也翻了一倍多，一年要160两白银，比他全年收入都要高。

在旧日官场上，选择住房多讲究风水。曾国藩这次搬去的菜市口大街绳匠胡同（即菜市口胡同）就有数十位知名人物住过，其中包括康乾时期的徐乾学、洪亮吉、毕沅、陈元龙等，还有与曾国藩同时期的李鸿藻与左宗棠等。因此，当时也有人说这里是京城最有旺气的胡同，翰林在此租住的话，放乡试主考或各省学政的概率很大。巧合的是，两年后，在翰林院留馆仅三年的曾国藩就被点为四川乡试正主考，这不能不说是有些运道的成分了。

道光二十四年（1844），曾国藩升为翰林院侍讲。随着官越做越大，家中人口也越来越多，对住房的要求也就越来高。因此，曾国藩再次搬家，搬到前门内碾儿胡同西头路北的一处大宅院，院内有房屋二十八间，月租三十千文，极为宽敞，但一年租金接近250两。道光二十七年（1847）三月，曾国藩移寓南横街路北的一处大宅院，有房四十余间，这就更为宏敞气派了。据统计，曾国藩在京13年间，总计搬家8次，总的趋势是越来越好，租金也从月租四千文到八千文、十千文、三十千文，租房成本不断抬高。

据粗略统计，晚清时期的普通京官，每年租房、雇车马、雇佣仆人，还有一般性日常开支等全部包括在内，最低费用大约为100两银子，不能再少了。具体到曾国藩身上，以道光二十一年为例，他全年薪俸加起来不过130两白银，花销却高达620两，一年亏空490两。那么，除了租房外，曾国藩的钱都花在了什么地方呢？

清朝京官的开支主要有四个方面，其中的一个大头是社交应酬。清朝时，京官的工作量不大，生活比较清闲，所以社交活动特别多。遇上亲朋好友、上级、同乡的生日、红白喜事等，样样都得随礼。此外，朋友间相互来往，请客吃饭肯定少不了。曾国藩朋友很多，社交开支也不少。比如道光二十一年，曾国藩用在社交上的随礼就高达70两银子，而他自己请客吃饭也用了40两银子。这两项一加，就已经110两银子，接近他一年的俸禄了。

如时人《平圃遗稿》中所说，京官聚宴习以为常，"若不赴席，不宴客，即不列于人数"。京官之间请客吃饭是稀松平常的事，如果别人请你你不去，或者人家请了你你不回请，那时间长了，名声坏了，这个交际圈子就没你这个人了，以后遇到什么事，也不会有人想起你了。

清朝京官的另一项开支是置装费。清朝的官服不是免费配发的，需要官员自己去买，而历朝历代里，清朝的官服又是最讲究、最繁琐的，一年四季官服都不一样，衣料都很昂贵，费用不低。作为新官员，曾国藩在道光二十一年就花了近500两银子置装，光帽子就买了11顶，什么大呢冬帽、小呢小帽、大毛冬帽、小毛冬帽、皮缝帽等，花去了几十两银子。

或许有人要问，曾国藩不是一向节约简朴吗，那他为什么要买这么多的帽子、衣服呢？要知道，清朝官场是讲规矩的，不管衣服还是帽子乃至官靴，都有严格的要求，曾国藩又是一个守规矩的人，他能不按规矩办事吗？为人节俭固然重要，但在官派威仪上，曾国藩却决不含糊，初次置装花了500两银子，还算是节约的，如果奢侈一点，1000两都打不住。曾国藩也确实节约，有几件名贵的官服，平时都是放在衣橱里好好保管，只在重大庆典时才拿出来穿，所以用了三十年依然光亮如新。

实在买不起官服怎么办？也不是没有办法，那就是租或者借。当时，京城里有当铺或者官服店可以租借官服，晚清时期的另一位京官、后来的大名士李慈铭，因为一直是候补官，所以就租了十多年的官服，直到后来当上御史，才买官服穿。

交际费、置装费之外，还有交通费也要不少钱。清朝时，京城的道路都是土路和石子路，行走十分不便。曾国藩好歹也是个七品官，不能天天走路上班，一旦碰上刮风下雨天，又赶上皇帝召见之类，弄得满身是泥成何体统！因此，京城官员多

曾国藩朝服像

数选择乘轿、骑马或坐骡车出行，但这三样，没一样是便宜的。

比如乘轿，轿子的费用除外，还得养几个轿夫，一年的费用绝不是小数目。时人何刚德在《春明梦录》中说，坐轿必须雇有两班轿夫，还需前有引马，后有车辆及跟骡。高级大臣一年坐轿的费用，得有八百两之数。另据曾国荃的曾孙曾宝慈回忆，其父曾广汉作户部侍郎时，"均须值日，至颐和园路程很远，骡车踌路上走颠簸，时间不短，因此侍郎以上，多乘四人大轿，大学士则乘八人大轿，即绿呢轿，下有红拖泥。轿夫都是久经训练的壮丁，上身不动，两腿迅速而步子极小，既快又稳。每轿两班，四人一班，每个人月工资白银1两，轿夫约走百公尺即换班，行走如飞。换下来的轿夫就跳上二套车休息"。轿夫8人，每人每月1两，光工资一项每年就要96两。

《清稗类钞》中载，雍乾以后，很多京官改乘骡车，"至同治甲子，则京堂三品以下无乘轿者。……光宣间，贵人皆乘马车矣"。很多有资格乘坐绿呢大轿的高级官员，平时也只是将轿子放在轿厅，只在出席重大场合时，才会花钱去轿行雇轿夫来临时抬轿。

即便坐车，费用也不少。很多中下级京官买不起车，只能经常雇车。最穷困的官员，连车也不雇，比如"戊戌六君子"之一的刘光第，他上班路程很远，"盖到署回转，足有十二里路"，因无钱坐车，平时都走路，"但于雨大路太烂时，偶一坐车而已"，算是十分有吃苦的精神了。初入官场的曾国藩，轿子是买不起的，骡车也买不起，只能隔三差五雇车，即使这样，在道光二十一年，也用去50两银子。

根据道光二十一年日记的记载，曾国藩去长沙会馆15次，琉璃厂13次，紫禁城（包括翰林院）7次，湖广会馆6次，文昌馆5次，圆明园3次，财神馆2次，西直门外极乐寺1次，出彰义门送人离京2次。由此可见，当时曾国藩的活动范围，除了去衙门、皇宫和圆明园办公值班外，主要集中在宣南一带，但日记中记载他多是坐车去的，可见曾国藩平时还是比较注意官员体面的。而这段时间，还是他潜心读书的时期，否则交游、交通的费用会更高。

道光二十四年（1844），曾国藩升为翰林院侍讲后，就开始自养车马了。在当年十月二十一日的家书中，曾国藩称："寓中已养车马，每年须费百金。因郭雨三奉讳出京，渠车马借与男用。渠曾借男五十金，亦未见还。"由此可见，车马是郭雨三借给他的，也可能是用来抵偿五十两借债的。之后，随着不断地升迁，曾国藩的交通工具也越来越好，到咸丰二年（1852）守制离京时，曾国藩家已拥有一匹马、两头骡、三辆车，这些车马的花费，一年至少也得100两银子。

除了以上三种开支外，家庭的日常生活，柴米油盐酱醋茶，也是必不可少的。曾国藩做官不久，妻儿也一同来京，后面又添了几个子女，加上几个弟弟来京读书，外加雇佣仆人的费用，都不是小数目。曾国藩爱好读书写字，笔墨纸砚和买书的费用自是不少。

曾国藩的开支这么大，就他那点收入，是怎么对付过去的呢？据记载，曾国藩在进京当官时，从家里带了1500两白银。这笔钱是曾国藩通过"拜客"的方式筹来的。"拜客"说白了就是"打秋风"。按当时的规矩，出去做官了，要拜访各处本家、本地知县知州，或者有钱朋友，相当于收取"贺礼"，也是希望日后彼此有个照应。

俸禄之外，京官还有其他收入，比如外地官员送的"冰敬""炭敬"，京官特有的"印结银"之类。此外，曾国藩放过乡试正考官等差使，也有一些外快。当然，曾国藩在京期间学做圣人，"立誓不靠做官发财"，所以这块收入究竟有多少，也不得而知。根据曾国藩自己披露，他在咸丰二年（1852）离开北京，结束十一年的京官生涯时，还欠了1000多两银子，直到他做两江总督时才还清，可见他还是清廉的。

从以上记载看，曾国藩在京期间应该是个清官，但做清官是艰难的。道光二十二年（1842）二月初十，曾国藩在日记中写道："昨夜梦人得利，甚觉艳羡。醒后痛自惩责，谓好利之心至形诸梦寐，何以卑鄙若此！"意思是：昨晚梦见朋友发了财，我在梦中羡慕得不得了，试想梦中都如此贪财好利，可见平时的修为实在不够。为此，曾国藩把这件事写到日记中自我反省。